कविता का अमर फल

[कविता-संग्रह]

कविता का अमर फल

लीलाधर जगूड़ी

राजकमल प्रकाशन

ISBN : 978-93-89598-14-8

मूल्य : ₹395

पहला संस्करण : 2020

प्रकाशक : राजकमल प्रकाशन प्रा. लि.
1-बी, नेताजी सुभाष मार्ग, दरियागंज
नई दिल्ली-110 002

शाखाएँ : अशोक राजपथ, साइंस कॉलेज के सामने, पटना-800 006
पहली मंज़िल, दरबारी बिल्डिंग, महात्मा गांधी मार्ग, इलाहाबाद-211 001
36 ए, शेक्सपियर सरणी, कोलकाता-700 017
वेबसाइट : www.rajkamalprakashan.com
ई-मेल : info@rajkamalprakashan.com

मुद्रक : बी.के. ऑफसेट
नवीन शाहदरा, दिल्ली-110 032

KATIVA KA AMAR PHAL
Poems by Leeladhar Jagudi

कविमित्र गिरधर राठी, असद जैदी,
इब्बार रब्बी, नंदकिशोर आचार्य
और
देवीप्रसाद मिश्र के साथ-साथ
अपने सभी काव्यानुरागियों के लिए
कविता का अमर फल

क्रम

अपनी भाषा पर सन्देह करो

कई डेरों वाला शहर

यादों का पहाड़

कविता का अमर फल

अनुभव और भाषा का आज़ाद ग़ुलाम

मेरा जन्म 1 जुलाई, 1940 के सोमवार को साढ़े नौ बजे सुबह हुआ। मुझे कैसा लगा, नहीं मालूम, पर अपने आज के अनुभव से जानता हूँ कि माँ और पिताजी को बहुत अच्छा लगा होगा। सम्भवतः उन्होंने भेली फाड़कर बाँटी होगी। तब पहाड़ पर मिठाइयाँ और चीनी दुर्लभ वस्तुओं में होती थीं, सिर्फ़ मेरठ, मुज़फ़्फ़रनगर और देहरादून से गुड़ की भेलियाँ ही आदमियों और खच्चरों की पीठ पर पहाड़ चढ़ पाती थीं। पहाड़ी गन्ना सिर्फ़ कोदे के डंठलों को कहते थे जिसे जानवर ज़्यादा पसन्द करते थे। आज भी कृषि अनुसन्धान के क्षेत्र में कोदे को पहाड़ी गन्ना बनाने पर कोई शोध नहीं हुआ है। मेरी बहुत दिनों से यह माँग रही है...। मैं जितनी विकट परिस्थितियों में पैदा हुआ, युवा होते ही मुझे वे विषमताएँ बड़ी काव्यात्मक लगने लगीं। गाँवों में सुने हुए बचपन के लोकगीत और स्कूल में पढ़ी हुई कविताओं से बार-बार एक आवेग-सा मन में पैदा होता था कि मैं भी ऐसा कुछ लिख-बोल सकता हूँ, याकि मैं इसे कुछ अपने ढंग से अपनी स्थितियों के बीच कहूँ तो कैसे कहूँगा? सम्भवतः इसी अनुकरणप्रियता की जद्दोजेहद में मेरे प्रारम्भिक कवि का जन्म हुआ। जाहिर है कि यह एक तरह से दूसरा जन्म था। युवा होते ही मुझे जयशंकर प्रसाद, अयोध्यासिंह उपाध्याय 'हरिऔध', मैथिलीशरण गुप्त, सुमित्रानन्दन पन्त, निराला और दिनकर ने बहुत प्रभावित किया। वाक्देवी के विपुल संसार में कविता के परिसर की ओर ले जाने वाले पुराने जोगी दरअसल पुराने कवि ही होते हैं। नए कवि का पहला जन्म पुराने कवियों के वैचारिक आशयों से होता है। बाद में लगभग 21-22 वर्ष की उम्र में मैं अज्ञेय, मुक्तिबोध, नरेश मेहता, शमशेर बहादुर सिंह, विजयदेव नारायण साही, कुँवर नारायण, शंभुनाथ सिंह, केदारनाथ सिंह आदि स्थापित कवियों की रचनाओं से प्रभावित हुआ। यानी कि 1960 के बाद मैं तेज़ी से अपने लिए अपना कोई ढंग और अपना कोई रास्ता

तलाशने में लग गया। युवा कवियों में राजकमल चौधरी और धूमिल मुझसे उम्र, अनुभव और अध्ययन में बड़े थे। उनसे भी प्रभावित हुआ। अपने को दुनिया से संलग्न करते हुए कविता की अभिव्यक्ति में अलग करते चलने का संघर्ष आज भी जारी है। कविता में इतिहास का होते हुए भी अपने समय का होना पड़ता है। जो अपने समय का नहीं वह इतिहास का भी नहीं हो सकता। कुछ लोग समय को अपने इतिहास से अलग इकाई समझते हैं लेकिन मैं समझता हूँ कि सारे काल इतिहास के बस्ते में ठुँसे हुए हैं। सारा इतिहास अपने समय का वर्तमान रहा हुआ होता है। इसलिए वर्तमान ही है जो रोज़ इतिहास में दैनिक इतिहास होकर दाख़िल हो रहा है। जो अपने समय का होता है, इस तरह वह इतिहास का हो जाता है। इतिहास के लिए जो इतिहास में घुसे हुए रहते हैं वे कविता क्षेत्र में अपने होने के इतिहास से वंचित हो जाते हैं। कहीं एक जगह जमा वर्तमान ही अतीत बन जाता है।

मैं काशी (बनारस) और उत्तरकाशी का विशेष मुरीद हूँ कि प्रकृति और जीवन-पद्धति ने मुझे कविता की ओर अधिकतम संलग्न किया। धूमिल और काशीनाथ सिंह मेरे अग्रज हैं पर उन्हीं के आसपास मेरी भी शुरुआत हुई है, यह सौभाग्य समझता हूँ। निराला निवेश में आयोजित एक गोष्ठी में डॉ. बच्चन सिंह ने धूमिल से कहा था कि तुम जगूड़ी के प्रभाव से बचो, हम लोगों ने इस उक्ति का उस दिन ख़ूब मज़ा लिया था। उसी तरह की व्यक्तिगत ख़ुशी उस दिन भी हुई थी जब इमरजेंसी के दिनों में 'भेद' कविता 'आलोचना' के लिए स्वीकार करते हुए डॉ. नामवर सिंह ने कहा था कि—'बाबू रघुवीर सहाय अब क्या खाकर कविता लिखेंगे'। उसके बाद रघुवीर सहाय ने एक से एक उम्दा कविताएँ लिखीं। लेकिन दिल बहलाने को ग़ालिब ये ख़याल अच्छा है। रघुवीर सहाय से आज भी बहुत कुछ सीखा जाना चाहिए। हर कवि, अभिव्यक्ति के किसी न किसी अंग का पूरक होता है। अच्छी कविता और अच्छे कवियों की सोहबत व्यक्तित्व में तब्दीलियाँ लाती है। सोच और शब्दावली में फ़र्क़ पड़ता है। लेकिन उसके बाद एक ऐसी स्थिति आती है कि ख़ुद को सब घेरों से बाहर करने की इच्छा होती है। प्रचलन से चिढ़ होने लगती है। परिवर्तन में परम्परा की शाश्वतता दिखने लगती है। बदलाव और अभिव्यक्ति एक नया उपार्जन माँगने लगते हैं। कुछ लोग केवल कौशल, कुछ कौशल व कथ्य दोनों स्तरों पर संकट का अनुभव करते हैं। प्रतिष्ठित और प्रचलित दोनों के विरुद्ध अपना रास्ता निकालना हर बार चुनौतियों भरा होता है। व्याधि और उपाधि की लालसा की तरह कविता भी परिवर्तन की आकांक्षा

का पीछा नहीं छोड़ती। कवि के पास अच्छे लोगों के अलावा बुरे लोगों के बीच रहने के भी अच्छे-खासे अनुभव होने चाहिए। बुराइयों को जाने बग़ैर अच्छाइयों की पहचान और उनका पोषण सम्भव नहीं। कवि को गर्हित, निकृष्ट, वर्जित और निषिद्ध का भी पीछा करना चाहिए। कवि की संवेदना को अनुभवसिद्ध होना आवश्यक है वरना बिना कीमत चुकाये मुफ़्त की कविताई यशस्वी नहीं हो सकती। कवि को दुश्चरित्रों, दुश्शीलों, पतितों, अटकों, भटकों और अपराधियों तक के प्रति मानवीय ज़िम्मेदारी और करुणा से भरा हुआ होना चाहिए। रवि की तरह कवि को भी सब जगह बिना घृणा के जाने, रहने और सहने का तजुर्बा और साहस होना चाहिए। लाचारी और मजबूरीवश ऐसा होना कवि की अयोग्यता है। सोच-समझकर, जान-बूझकर, जिज्ञासु भाव से ऐसा हो तो, वह अपने कवि के निर्माण में बेहतर सहायक हो सकता है। चीज़ें स्वभावत: सब अच्छी नहीं होतीं, उन्हें अच्छा बनाना पड़ता है। यह तभी सम्भव है जब सबसे पहले अपनी खराबी और कमज़ोरी का बोध हो। साहित्य की जटिलता, ढाँचे और प्रभाव दोनों स्तरों पर शुरू से ही मौजूद रही है, इसीलिए खासकर कविता की समझदारी के लिए अपने भीतर 'शीघ्र बोध' भी पैदा करने का ज्ञानात्मक अभ्यास विकसित करना पड़ता है। सरलीकरण और अतिरंजना से तभी छुटकारा पाया जा सकता है।

मैंने पहले कवि होने के बारे में नहीं सोचा था लेकिन मेरी परिस्थितियों ने मुझे इतना विपत्तिग्रस्त और अकेला बनाए रखा कि मुझे अपने चुप्पेपन में शब्दों और ध्वनियों के अर्थ समझने और बरतने की तलब-सी हो गई। अकेलापन साहित्य में व्यक्ति की मानसिक मरम्मत करता है। मेरे मन में अपार असफलताओं और असुरक्षाओं ने डेरा जमा लिया था। अगर मैं साहित्य के सम्पर्क में न आता तो मैं सम्भवत: एक अपराधी हो जाता। साहित्य ने और कुछ किया हो या न किया हो, कम-से-कम मुझे अपराधी होने से रोका है। मैंने ख़ुद धोखे खाए, अन्याय झेले, उनका प्रतिकार किया मगर हर जगह मैं उन्हें न्याय में नहीं बदलवा पाया। साहित्य अच्छे आदमी का निर्माण सम्भवत: इसी तरह करता है कि वह अपने से जुड़ने वाले को अन्यायी, अपराधी और निरर्थक ईर्ष्याओं का पात्र नहीं बनने देता। जो हों या होते होंगे वे कवि तो कतई नहीं हो सकते। मैं ख़ुद को कवि होने का प्रमाणपत्र नहीं दे रहा हूँ लेकिन मैं ख़ुद को कविता से अलग भी नहीं कर सकता। न मैं बिना किसी भाषा के कविता की कल्पना कर सकता हूँ। मैं दृश्यों और आन्तरिक अनुभवों को भी भाषा में सोचता हूँ। भाषा के बिना मैं रंगों और आकृतियों के बारे में भी नहीं सोच सकता। मैं अनुभव

और भाषा का आज़ाद ग़ुलाम हूँ। मैं पहले नए विचार का पीछा करता हूँ और उसे अपने अनुरूप बनाने की कोशिश करता हूँ अन्यथा वह अगर कोई नया रास्ता मुझे दिखाता है तो उसी पर चलकर मैं उसकी उपयोगिता के बारे में सोचता रहता हूँ। मैंने बहुत-सी कविताएँ नींद में सपना देखते हुए सोची हैं और तुरन्त जगकर उन्हें लिखा भी है। किसी मौक़े पर मैं बताऊँगा कि कौन-कौन सी कविताएँ मैंने सपने में सोची और बोली हैं। मैं अपनी कविताएँ उस तरह कंठस्थ ज़्यादा दिन नहीं रख पाता हूँ जिस तरह कुछ कविसम्मेलनी कवि अपनी कविताओं को रट्टा मारकर याद रखते हैं। उनके साथ सुविधा यह है कि उन्हें वे ही कविताएँ सुनानी हैं जो उन्हें अपने जीवन काल में सुनाते-सुनाते रट गई हैं। मैं ख़ुद को भुला देने के लिए फिर एक नई कविता रचता हूँ और फिर उससे आगे किसी और नई कविता की ओर बढ़ जाता हूँ। मैंने अब तक क्या-क्या सोचा, किया और लिखा, उसे याद रखता हूँ पर दोहराता नहीं हूँ। अगला जन्म अगर होता है तो मैं उसमें भी कवि होना चाहूँगा, सबसे बेहतर कवि। अन्यथा ख़ुद से तो बेहतर होना ही चाहूँगा।

—लीलाधर जगूड़ी

कविता का अमर फल

पत्थर विमर्श

क़ानून की नज़र से देखो तो हर व्यक्ति कहीं न कहीं, कभी थोड़ा, कभी ज़्यादा अपराधी नज़र आता है। कविता की नज़र से देखो तो ख़ुद पर ही ख़ुद को दया आती है। यह दया और करुणा की नज़र ही कविता की नज़र है। अपराधी के लिए भी ज़िम्मेदारी का मानवीय भाव सब गड़बड़ियों के लिए ख़ुद को उत्तरदायी बनाने लगता है। इसीलिए कविता करना या बनाना एकपक्षीय सरलता नहीं है बल्कि द्विपक्षीय दुविधा और कठिनाई है। कविता दो पाटों के बीच भी एक मानवीय मूल्य को साबुत बचाकर लाना चाहती है, जोकि आदर्श और अनादर्श के बीच का चुनौती-भरा काम है। काव्य-न्याय ऐसे ही पैदा नहीं होता। काव्य-न्याय कल्पना का यथार्थ रूप है। यथार्थ हमेशा ज्यों-का-त्यों नहीं दिखाई देता बल्कि साहित्य और कला में उसके अर्थ का प्रभाव ढूँढ़कर उसे व्यक्त किया जाता है। जिसका जो अर्थ है उस प्रक्रिया में पहुँचने के लिए उसका पीछा किया जाना। यथार्थ भी अपने अर्थ के पीछे छिपा हुआ होता है। जहाँ वह छिपा है वहाँ से उसे बाहर लाना होता है। 'वीटिंग एबाउट दि बुश'—अंग्रेज़ी के इस मुहावरे में यह अर्थ-ध्वनि है कि यथार्थ की झाड़ी पर सीधे प्रहार से एक तो झाड़ी का यथार्थ क्षत-विक्षत हो जाएगा और यथार्थ की जो चिड़िया उसमें छिपी हुई है, वह मर जाएगी। इसलिए यथार्थ में सीधे न कूद कर उसके आसपास खट-खटाना चाहिए। उससे वह अर्थ-ध्वनि वाली चिड़िया बाहर आ जाएगी और द्रष्टा उसे उड़ते हुए देख सकेगा। यथार्थ के प्राण भी बच जाएँगे और यथार्थ का ठिकाना भी नष्ट नहीं होगा।

पत्थरों में परिवर्तन

पत्थरों को
न मरा हुआ घोषित किया जा सकता है
न धड़कते जीवन की तरह विकासमान

फिर भी पत्थरों को पत्थर कहकर बरी नहीं किया जा सकता
पत्थर होना ही सबसे बड़ी वास्तविकता है

जहाँ भी, जैसे भी वे हैं
उन्हें वैसा बनने का मौक़ा मिला है
बिलकुल वैसे के वैसे पत्थर होने की और बने रहने की
और भी बहुत-सी काबिलियतें उनमें हैं

वे अपनी ठोस नश्वरता के भरोसे अपने में पड़े हैं
सुदीर्घ जीवन के अन्त में
एक जगह से दूसरी जगह जाकर भी
अमर से पड़े हैं
हम में से बहुतों ने बड़े-बड़े पत्थरों को चट्टान बने हुए देखा है
पत्थरों में परिवर्तन देखने के लिए
हज़ारों साल की जरूरत पड़ सकती है
या फिर नोबेल का डायनामाइट वह काम कर सकता है
ईश्वर का प्रतिनिधित्व करते-करते
वे मूर्तिवत खड़े, पूजित और बड़े हैं
पत्थरों को एक दिन विज्ञान से परिचित होना पड़ेगा।

कुछ पत्थर पीढ़ियाँ

दुनिया में एक से एक पत्थर हैं
गिरने, खिसकने और लुढ़कने के सिवा
वे कहीं आते-जाते नहीं
वे हाकिमों की तरह ले जाए जाते हैं

पत्थरों में सबसे अच्छे पत्थर
बहुत-बहुत ज़्यादा रुपयों में मिलते हैं
जिनसे घर नहीं बनते
वे भाग्य-रत्न के नाम से बिकते हैं
बहुत मज़बूत नहीं होते सुन्दर पत्थर
महँगा सौंदर्य कमज़ोर होता है

(घर में सबसे मज़बूत होता था दहलीज़ का पत्थर)

सौंदर्य से बड़ी चीज़ शायद सलीका होता है
(है मगर कितनों के पास वह?)

सुदृढ़ पत्थर सैकड़ों साल दीवारों का
और हमारा वजन उठाते हैं
बे-दिमाग़ पत्थर तब नहीं घिसते-पिसते हैं
तब पहचान में आते हैं कि दहलीज़ के हैं कि सीढ़ी के
बे-हाथ-पाँव कुछ पत्थर
पीढ़ियों से चले आ रहे हैं हमारे साथ

गंगोत्री-यमुनोत्री के पत्थर

दिल्ली, प्रयाग और वाया काशी पटना पहुँचे हैं
गंगा सागर में क्या भाव बिक रही है उनकी रेत?

कुछ पत्थर जहाँ है, वहीं हैं
पथराए रहने के अलावा उन्हें कुछ नहीं करना है
उन के साथ कुछ अगर किसी को करना है
तो उन्हें ही करना है जो पथराए नहीं हैं

फिर भी हृष्ट-पुष्ट पत्थरों की सुस्ती को
घेर रही है चारों ओर से उगती हुई घास
सुस्ताते पत्थरों को कहीं-कहीं पेड़ों की जड़ें
लपेटने लगी हैं
रूखे-सूखे पत्थर भविष्य में शायद कम होंगे
पर यह क्या कम कि जो होंगे वे नम होंगे।

पत्थरों की त्वचा

अच्छे-बुरे। कोमल-खुरदुरे
पत्थरों की भी त्वचा होती है
पता नहीं भीतर की किस कठोरता में
छिपाए रहते हैं वे अपना दिल
पता नहीं चलने देते कि कहाँ उनके नाक-मुँह हैं
कहाँ छिपा है उनका पत्थर-दिल

कहीं वे किसी दीवार में चिने हुए हैं
कहीं किसी सड़क और पुल पर बिछे हुए
सभी जगह फैला दिए हैं उन्होंने
अपने चट्टानी माँ-बाप के सहिष्णु और मज़बूत गुण

पत्थरों के भी माँ-बाप ढूँढ़ लाना
पत्थरों पर उनके माँ-बाप लाद देना
यह पत्थरों की नहीं, मनुष्य भाषा की कमज़ोरी है
क्योंकि मनुष्यों में कोई भी चीज़ बिना स्त्री-पुरुष
बिना माँ-बाप के नहीं होती।

पत्थर स्नान

नदी के बीचों-बीच। पुल के नीचे देखो
जुड़े हुए पाँच हाथियों के बराबर का
एक पत्थर नहा रहा है
नदी उसे लाँघ नहीं पा रही
चारों ओर से सहलाती गुज़र रही है

एक ओर पत्थर में साँवली चिकनाहट है
दूसरी ओर धौली-गुलाबी रंगत में कुछ बुंदके चमक रहे हैं
आनुवांशिक अणु

वह एशिया और योरोप की तरह दिख रहा है एक साथ
कुछ परमाणुओं की
जनेऊ जैसी धारियाँ बनी हुई हैं
मतलब कि हिन्दू पत्थर नहीं है वह
न वह मुसलमान पत्थर है कलावा बाँधे हुए

कुछ कह सकते हैं कि श्वेत-श्याम वह
सीताराम, राधाकृष्ण सरीखा है

पर सीता और राधा तो शूद्रों की तरह जनेऊ से वंचित थे
धर्म और मजहब से न पहचानो पत्थरों को भी
(जनेऊ निषेध के सूत्रों से बना है)

हो सकता है पत्थर हाथी नहीं हथिनी हो
क्योंकि स्त्रियाँ ही यहाँ पत्थर हुई हैं

(पत्थरों में स्त्री-पुरुष नहीं होते)
पत्थर जब प्रतीकों में बदल जाते हैं
साम्प्रदायिक हो जाते हैं

परमाणु संपुजन के समय
जहाँ जनेऊ जैसी धारी बनी है
शायद वहीं से फटेगा वह
संगठन में वह विघटन की लकीर है

आदमियों की बुरी संगत और सोच के कारण
पदार्थों के भी मजहब और सम्प्रदाय हो जाते हैं
पदार्थों के स्वभाव होते हैं
जिन्हें हम अपने बचाव और फायदों के लिए
गुण-अवगुण की सूचियों में डाल देते हैं

चीज़ों को ही नहीं ख़ुद को भी परखना जरूरी है।

छाती पर पत्थर

कौन है जिसकी छाती पर
पत्थर जैसा बोझ नहीं?
हमने ईश्वर को पत्थर में
अल्लाह को इमारत में बदल दिया

हमने इबारतों को पत्थरों से भी ज़्यादा
कठोर बना दिया है। हम शब्दों की मार खा रहे हैं

अनोखा और सुन्दर एक निचट्ट पत्थर
अपना स्वभाव छोड़कर आता है हमारे पास
आराध्य बन जाता है
उसके भीतर जाने का कोई दरवाज़ा नहीं

वही जब नदी के भीतर से गुज़रता है
बिना टूटे, बिना बिखरे रेत हो जाता है

पत्थरों में भी कई दरवाज़े होते हैं
कई गर्भगृह
हृदयहीनता की सहृदयता भी
रेत में दूब उगा देती है
अन्त:करण की पथरीली दीवारों में कुछ सुराख बने हैं

हो सकता है वहाँ कोई गर्भाशय हो
सृष्टि का गर्भाशय
रचयिता ब्रह्मा के शुक्राणु पलते हों

जबकि शिलाओं को ज़्यादा पत्थर होने के लिए
ख़ुद ही टूटना पड़ता है
बसन्त की भाषा में टूटना भी 'फूटना' बन जाता है

उत्तर-आधुनिकता जैसा जड़ विखंडन
नहीं होता डगमग पत्थर का
हमने उसके मूल पाठाणुओं को
धूप-चाँदनी, दोनों में दमकते चमकते देखा है
शब्द का हो सकता है कविता का एक ही अर्थ नहीं होता।

पत्थर की उड़ान

जितना भी बड़ा, जितना भी ख़ामोश पत्थर होता मैं
तेज़ बहने वाली जितनी भी बड़ी नदी में पहाड़ से टूटकर गिरा हुआ
इन्तज़ार कर रहा होता पानी से बात-बात में अड़ने का
अपने कण-कण में पंख उगने का इन्तज़ार कर रहा होता मैं

और अगर कहीं किनारे पर होता तो वैसा दिखता
जिसे देखकर स्वामिनाथन को पहली बार लगा
कि चिड़िया की उड़ान में अपनी सिहरन सहित
पत्थर भी शामिल है
पत्थर के अन्तस्तल से भूगर्भ तक चली गई है उड़न-छू चंचलता
पहली बार पड़ाव, रास्ता और मंज़िल साथ-साथ उड़ रहे हैं

हो सकता है पहाड़ से अभी-अभी गिरा कोई पत्थर होता मैं
हवा में अधटूटे पहिए-सा पूरी तरह घूमता
घाटी की ओर आ रहा होता
और पानी-जैसी लहराती घास में छप से गिर गया होता
जिसका कोई टूटा हुआ कोना ज़्यादा ही सफ़ेद दिख रहा होता
कटवा फूल की तरह तिरछा खिला हुआ

किसी बगुले के पंख-सा उचका हुआ
मुँह में वक़्त को घोंघे की तरह दबोचे हुए
समय के एक नए स्वाद का इन्तज़ार कर रहा होता मैं
जितना भी बड़ा, जितना भी ख़ामोश पत्थर होता मैं
जितनी भी बड़ी तेज़ बहने वाली नदी में
लहरें टकरा-टकराकर मेरी पीठ थपथपा रही होतीं

और इसी शाबाशी में
मर-मरकर इतना मिट-मिट जा रहा होता
कि उतरती बाढ़ के बाद हवा के मुँह में भरी रेत होता मैं

फिर भी एक नई उम्मीद के साथ हम दोनों पहाड़ लाँघ रहे होते!

जो ठोकर खाते हैं

जो ठोकर खाते हैं
वे प्रवाह पा जाते हैं
बिना गीत लिखे बिना गीत गाए
वे चाल के लय-ताल और छंद से परिचित हो जाते हैं

ठोकर पत्थर नहीं खाते
या तो आदमी खाते हैं या नदियाँ खाती हैं या हवाएँ खाती हैं

जहाँ पानी को ठोकर खानी पड़ती है
बिना वाद्यों के आवाज़ें निकल आती हैं

ठोकर एक सँभली हुई भाषा को जन्म देती है
यहीं पर ठोकर खायी हुई और ठुकराई हुई भाषा का
पता पड़ जाता है

छोटी ठोकर लरजती है, गरजती है बड़ी ठोकर
पत्थरों से टकराता है पानी
पत्थर वहीं पड़े रह जाते हैं
आगे बढ़ जाता है ठोकर खाया हुआ पानी
जो ठोकर खाते हैं, प्रवाह पा जाते हैं।

बहुत से पत्थर पड़े हैं

बहुत से पत्थर पड़े हैं पृथ्वी पर
कुछ तो ऐसे जिन्होंने समुद्र की दहाड़ें सुनी हैं
बहुत से ऐसे जिन्होंने सिर्फ़ बारिश की
आवाज़ें सुनी हैं
तपस्वियों की तरह हमसे बहुत दूर
ऐसे भी पत्थर हैं
जिन्होंने सिर्फ़ गिरती बर्फ़ की आवाज़ सुनी है
अपने ध्यान में
हमारे चारों ओर बिखरी हैं नुकीली ठोकरें
जिन्होंने पानी की भी आवाज़ नहीं सुनी

पानी की आवाज़ के बिना जो पत्थर गुज़रे हैं
वे मलबे और दल-दल में चुभे हुए होंगे कहीं
पर जिन पत्थरों पर से नदी गुज़री है
उन्होंने अगर पानी से मिलाई होगी अपनी आवाज़
तो वे रेत हो चुके होंगे
कछारों में बगुलों संग बगूले बनकर उड़ रहे होंगे
या अगर वे नदी मार्गों से अलग छिटके पड़े हैं
तो पानी के स्पर्श और उसकी आवाज़ के लिए तड़प रहे होंगे।

ग़नीमत है

फ़िलहाल ग़नीमत है
कि पूरी दुनिया एक ही शहर में नहीं रहती
अगर रहती होती
तो पूरी दुनिया में फैला हुआ होता एक ही शहर
और तब भी हम उसे घूम न पाते

एक ख़राब बात और होती
कि पूरी दुनिया एक ही शहर की रहने वाली होती
और इस तरह हम कभी किसी दूसरे शहर नहीं जा पाते

चाहे किसी भी जगह हम मर रहे होते
पर पता एक ही शहर का होता

फ़िलहाल ग़नीमत है कि लोग जब एक शहर बदलते हैं
तो छोड़ने के लिए भी और पाने के लिए भी
एक और शहर कहीं होता है

छोड़ने के बाद पाना, एक और दुनिया पाने के बराबर है
जहाँ क़िस्मत बदले या न बदले
शहर थाना और ठिकाना तो बदल जाता है

कई-कई दुनियाओं वाली एक दुनिया के बावजूद
ग़नीमत है कि हम एक ही शहर के रहने वाले नहीं हैं
इसी से दुनिया में अभी देखने लायक अनदेखा
बहुत कुछ बचा हुआ है।

कर्कश गद्य

अलग-अलग दुख हैं पहाड़ों के
और पहाड़ों में रहने वालों के

इधर का पहाड़ कह रहा है उधर वाले से
कि हमें और ऊँचा होना चाहिए था
ख़ाली बहुत है आसमान

यहाँ तो उठने वाला चला जाता है ज़मीन छोड़कर
हम तो ज़मीन से चिपके हुए भी सिर पर उठाये हुए हैं ज़मीन

छोटे वाले पहाड़ ने कहा कम से कम मुझे तो तुम्हारे बराबर
होना ही चाहिए था
मेरे ऊपर भी आसमान बहुत ख़ाली है

कुछ और ऊँचे पहाड़ ने कहा मुझ पर धूप बहुत पड़ती है
बारिश भी बहुत पीटती है वज्र भी बहुत गिरते हैं
बर्फ़ और पाला कभी पिंड नहीं छोड़ते
चमकीले हाड़ भी कोयले के पहाड़ हो गए हैं
हर धार पर ऑपरेशन के चीरे पड़े हैं

हम दोनों की जो एक नदी है
उसने दुश्मनों की तरह दो किनारों पर बाँट दिया है हमें
छोटे-बड़े भाई, दोनों आपस में मिल नहीं सकते
जब तक एक दूसरे पर ढह न जाएँ

सिकुड़े हुए बर्फ़ीले माघ में जमकर पानी की पुल बनने की कोशिश
एक-आध रिश्ते को ही आर-पार कर पाती है

एक भी गहरी नींद वाली गुफा नहीं बची है
जहाँ सपने में आकर आछरियाँ शृंगार करें
वचन ले लें और दिन-दहाड़े अपहरण करें
और पहाड़ कोई नया देवता बनकर छा जाए घाटियों में

अलग-अलग दुख हैं पहाड़ों के
और पहाड़ों में रहनेवालों के
वे कहते हैं पेड़ की दो फुनगियों जैसे दो लोग एक दूसरे से मिले
किसी अनसुने-अनदेखे में एक दूसरे के हो गए
दो लोगों के एकांत से निकलकर हम इन पहाड़ों पर चले आए
पर्वतारोही नहीं थे हम
हम तो वसंत की तरह यहीं पैदा होते हैं
और पत्तों की तरह यहीं झर जाते हैं
कौवे हमसे अच्छा गाते हैं हमारे जीवन का कर्कश गद्य।

पत्थरों की नदी

जिन पत्थरों पर काली रेत-सी रात बैठी रही
हल्दी-पिसी सोने-सी चाँदनी
उन्हीं पर बैठी है छायाओं से घिरी धूप

बिना पानी चमक रही है तरंगित पत्थरों की नदी
वैसे ही मुड़े लग रहे हैं जैसे कभी पानी सहित मुड़ी होगी नदी
अब पत्थरों की खाल सूखती दिख रही है पत्थरों पर

अध-उभरे, अध-गड़े। एक जैसी लय में खड़े पत्थर
बंजर नदी में उगे हुए कड़े पत्थर
बा-वजूद जिनमें कोई दुखी नहीं कुछ भी न उगा पाने पर

न सोच-सपने न शिराओं में ख़ून
न बेचैनी न उबकाई न संताप
न अपने नीचे उगी घास की भूख
फिर भी देर रात तक सँभाले रहते हैं दिन-भर का ताप

कुछ भी याद न होना पत्थर होना बना हुआ है
क़िस्मत खुलने को देह टूटने का ज़रा भी इन्तज़ार नहीं
ठोस शीशों जैसे ओस-भीगे समय से टकराते चमकीले पत्थर
जिनसे टकराकर मुड़ते पानी-सी अब केवल हवा मुड़ जाती है

धूल-मिट्टी, हवा-पानी की हरी क़िस्मत
काले सफ़ेद साँवले पत्थरों पर मेहरबान

काई-सी स्याही-सी अँधेरी आभाओं में खिला बहुरंगी फूल
वह पत्थर रस चूसता दिख रहा है आसमान का ज़मीन पर बैठकर

अँधेरे के ख़ून में काँच-से कणों की संगठित ख़ुशी
सुख-दुख की कोई अदृश्य मिलावट
हर ख़ुशी की जड़ में पत्थर के बावजूद
नाच में जानबूझ कर ठोकर खाती नर्तकी-सी
जमे हुए आँसुओं पर पैर रख कर आर-पार हो रही है हवा
टिक सकने ढक सकने वाली
धूल-मिट्टी हवा-पानी की तरकीब चल रही है

क़लम होकर भी लिखावट में अँखुवाने वाली हैं
कटी-फटी इच्छाओं की आँखें
धूल-मिट्टी। हवा-पानी की सूझ-बूझ
शब्दों में रंगों में कम नहीं की जा सकती

बे-दिल, वे-ख़्वाब पत्थरों की नदी में प्यास
पानी की याद दिलाता है रेत का बिखराव
मझधार में डोलती कोई नाव याद आती है
ठहराव को पार करने की कला सिखाती है
पत्थरों पर बैठती हुई धूल-मिट्टी।

अँधेरा-उजाला

उजाले का अभाव ही अँधेरा है। कला को अँधेरे-उजाले, दोनों की ज़रूरत है। सबसे बड़ा सूर्य ही प्रकृति का ऋग्वेद-कालीन मित्र है। सूर्य का नाम विश्व-मित्र है। विश्वामित्र का अर्थ तो विश्व का अमित हुआ। मनुष्य अन्वेषक है, उसका निजी कर्म उसका परिणाम है। अपने को अपने कर्म में खोजो और उसी में प्रतिफल भी दिखेगा।

हर कोई लोकतंत्र में अपना हिस्सा माँग रहा है। आत्महंता पद्धति को बहुत बार बहुत से रचनाकारों ने भी आजमाया है।

ज़िन्दगी बहुत-सी चीजों के काम आती है इसीलिए आत्महत्या के भी काम आई एक दिन जैसे अपनी मृत्यु ही सारी चीजों पर अन्तिम पर्दा हो।

इसी तरह अँधेरे में उजाला और उजाले में अँधेरा आता-जाता रहता है। किसी चीज की हताशा भी किसी चीज का अस्तित्व-बोध कराती है।

अँधेरा-उजाला

अँधेरे के भी किसी गुण की तारीफ क्यों न की जाए
उजाला होते ही, बिना नष्ट हुए भी
तत्काल अपने नष्ट होने से हिचकिचाता नहीं
और पक्का इतना कि उजाला बुझते ही, तुरंत जन्म ले लेता है

अँधेरे की प्रशंसा को गाली मानते हैं लोग
ढेर सारा अँधेर और अँधेरा फैलाए हुए लोग
वे अँधेरे और हवाओं से जूझते हुए
अकेले जलते दीये की प्रशंसा करते हैं
जबकि अँधेरे का ईंधन भी तेल बाती के साथ
चुप-चाप जलता रहता है

यह अँधेरे की सिफ़त है कि वह कभी ख़त्म नहीं होता
पर कभी भी उजाले का गला नहीं घोंटता
और अन्त में अँधेरा ही मित्रवत् उसे
अपनी काली आभा के कफ़न से ढक देता है

2

छोटे दीयों की तरह चाँद-तारों को निस्तेज करते हुए
सुनहरी हवा से उस काले कफ़न को उठा देता है सूर्य
अँधेरों की छायाएँ दिन-भर के लिए जी उठती हैं

सब छायाएँ मिलकर फैला देती हैं
पहाड़ों और समुद्रों तक फैली एक विशाल रात

मेरी ही परछाई में दुबका हुआ है सृष्टि का सारा अँधेरा
अपनी अनुपस्थिति का नाम उजाला सुनने के लिए

न कोई कोशिश न कोई सफलता-असफलता
बस उजाले की कमी इतना बड़ा अँधेरा बना लेती है ख़ुद को।

इक्कीसवीं सदी का आम आदमी

बीसवीं सदी के आम आदमी जैसा नहीं रहा
इक्कीसवीं सदी का आम आदमी
सिविल सोसाइटी के एक होनहार कार्यकर्ता ने कहा
—नेतृत्व खाएगा देश तो प्रधान क्या खाएगा?

प्रधानों का भी खाने-कमाने का क्षेत्र बढ़ाओ
छोटे बजट से लग रहा है गबन ज़्यादा विकास कम हुआ है
परधानी में भी खुलकर हिस्सा माँग रहा है नया आदमी

यह बजटवार आज़ादी करती है वोट वसूली
थाने जैसी
क़ानूनन जुर्माने जैसी
सही पते-ठिकाने जैसी

सड़क का चौड़ीकरण हो चाहे आधुनिकीकरण
नगदीकरण नहीं तो यह बेगार भला क्यों?
फर्ज़ीफिकेशन होता रहे और हम उफ भी न करें

सदाचार तो दे न सको हो
इतना भ्रष्टाचार बको हो

कहने का ही लोकतंत्र है क्यों न कह दिया जाए
—पैसे बिन अब रहा न जाए।

2

ग़रीब को मिली है परधानी
कार्यकर्ता जुटे हैं पाय लागन में
बजट के बिना यह तो सिर्फ़ सपना हुआ
आमदनी बढ़े तो समझो विकास हुआ
परधान कुछ दे न सके अपनों को
समाज सेवा क्या यह तो माला जपना हुआ
पहले जो मुद्रा बताई गई थी भ्रष्टाचार की
वह ऊपर से नीचे की ओर बताई गई थी
जो कि पूरी तरह अधोगामी हो गया है
इक्कीसवीं सदी का आम आदमी
भ्रष्टाचार में अपना हिस्सा माँग रहा है
परसों भारतमाता क्यों रोई?
कितनी दूर बिना ईंधन चल पाएगा कोई?
हर कोई लोकतंत्र में अपना हिस्सा माँग रहा है।

मुँह न मिलें

एक सुरंग पूरब से
दूसरी पच्छिम से
एक जन्म की ओर से
दूसरी मृत्यु की ओर से आ रही है
दोनों सुरंगों के जब तक मुँह न मिल जाएँ
तभी तक सुरक्षा है

मैं इंजीनियरिंग नहीं जानता शब्द भेदन जानता हूँ
चाहता हूँ जन्म से मृत्यु की ओर आने वाली
सुरंग का लेबल गड़बड़ा जाए

दोनों अगर मिल गए बारूदी सुरंगों की तरह
इंजीनियरिंग भले ही सफल हो जाए
जीवन विफल और विरूप हो जाएगा।

काम की ढूँढ़ में

काम की ढूँढ़ में भटकते जीवन को
सपना देखने की वही एक कोठरी दिखती है
दूर कहीं
जहाँ रहना नहीं काम की ढूँढ़ में निकलना
ज़्यादा होता है

पुराने कपड़े टँगे हैं भावी विकल्प की तरह
फटे-पुराने दो जूते एक दूसरे पर पड़े हैं
संघर्ष की मुद्रा में

विरोध के नाम पर एक दूसरे से
मुँह फेरे पड़ी हैं घिसी हुई चप्पलें

गुड़े-मुड़े बिस्तर पर कभी ठीक से सो ही नहीं पाता
एक वंचित और चिन्तित जीवन

इस कोठरी, इस बिस्तर और चीज़ों को छोड़कर
काव्यभाषा भी बहुत दूर जा नहीं सकती
इस देशकाल में कुछ न होने के विरुद्ध
जो कुछ नहीं होना है
यहाँ रहने वाले को निकलते-निकलते भी
उसी का इन्तज़ार है।

कला की ज़रूरत है

मेहनत और प्रतिभा के खेत में समूहगान से अँकुवाते
कुछ बूटे फूटे हैं
जिनकी वजह से कठोर मिट्टी के भी कुछ हौसले टूटे हैं

कुछ धब्बे अपने हाथ-पाँव निकाल रहे हैं
जड़ में जो आँख थी उसे टहनियों पर निकाल रहे हैं

ख़ाली जगहें चेहरों में बदलती जा रही हैं
महा आकाश के छोटे-छोटे चेहरे बनते जा रहे हैं
कतरनों-भरे चेहरे
कला जिनकी ज़रूरत है
धब्बे आकृतियों में बदल गए हैं

यह होने की कला
अपने को हर बार बदल ले जाने की कला है
कला भी ज़रूरत है
वरना चिड़ियाँ क्यों पत्तियों के झालर में
आवाज़ दे-देकर ख़ुद को छिपाती हैं
कि यक़ीन से परे नहीं दिखने लगती हैं वह

कला की ज़रूरत है
कभी भी ठीक से न बोया जा सका है न समझा जा सका है
कला को
फूल का मतलब अनेक फूलों में से
कोई सा एक फूल हो सकता है

फूल कहने से फूल का रंग निश्चित नहीं होता
फूल माने होता है केवल खिला हुआ

कलाओं को पाने के लिए कलाओं के सुपुर्द होना पड़ता है
कलाओं में भी इन्तज़ार, जबरदस्ती
और बदतमीज़ी का हाथ होता है

बद इन्तज़ामी से पैदा हुए इन्तज़ाम
और बदतमीज़ी से पैदा हुए तमीज में
कलाएँ निखर कर आ सकती हैं सन्तुलित शिष्टाचार में
लगातार व्यवहार में वे दिखने लग सकती हैं
निरे इन्तज़ार में ढाढ़स बँधाती हुई
अगली बार किसी और नए सिरे से पैदा होने को बताती हुईं।

अतिरिक्त ज़िम्मेदारी

जब-जब मैं मरता हूँ

बताया जाता है
न मेरे भीतर रहने वाली आत्मा मरती है न परमात्मा
तब फिर मैं कैसे मरता हूँ?

इसी से मैं समझा कि जब दंडित होता हूँ
तो मेरे भीतर रहने वाला ईश्वर कतई दंडित नहीं होता होगा

जितनी बार टूटता-फूटता हूँ
मेरे भीतर रहने वाला ईश्वर खंडित नहीं होता होगा

जब मेरी पोल खुलती है
तो भीतर रहने वाले ईश्वर की पोल नहीं खुलती होगी

मतलब कि इतना बेफ़िक्र और बेअसर होकर जिओ
कि ख़ुद ही अपना ईश्वर कहलाने लगूँ

अपनी पूरी ज़िम्मेदारी तो सँभलती नहीं
फिर अपना ईश्वर होने की अतिरिक्त ज़िम्मेदारी कैसे सँभलेगी?

अपने-अपने युद्ध

कभी दुनियादारी की तरह कभी दुकानदारी की तरह
चल रहे हैं युद्ध। युद्धों ने भी बदल लिए हैं फैशन
मरने वाले मगर पहले की ही तरह
घर परिवार और दोस्तों को याद करते हुए मरते हैं

ऐसे समय में घायल ज़मीन से ऊपर आए हुए
कीड़े भी सोचते हैं पृथ्वी आकाश और उजाले के बारे में
जैसे कि समय के बारे में सोच रहे हों
लेकिन बीच में ही जीमने वालों की तरह कुछ पक्षी आ जाते हैं

एक से दूसरे अस्तित्व की भूख
खाओ-कमाओ का प्रसंग फड़-फड़ा पड़ता है

हर जगह से घाव, घात और मौत के समाचार हैं
कीड़े कभी भी इस धरती पर अकड़कर नहीं चल पाए
कीड़ों की मौत भी अपने सारे जीवन को याद करते हुए हुई है

उनके मरे हुए शरीर में मौजूद है
अपने को बचा न पाने की आख़िरी ऐंठन
जैसे वे अब भी पीछे की ओर ज़ोर मारकर
आगे की ओर सरक जाना चाहते हों।

राजेश शर्मा की आत्महत्या

लखनऊ में राजेश की आत्महत्या से पहले
हम बहुत सारे कवि-लेखक
पीने-खाने के बाद दरी पर चादर बिछाकर लेटे
और गपियाते रहे पूरी रात
हुसैनगंज वाले ग्यारहवीं मंज़िल के फ्लैट में
जिसे छोड़कर
गोमती नगर में उसने शानदार घर बनवा लिया था बाद में

एक दिन गोमती नगर वाले शानदार घर को भी छोड़कर
अपना साफ़-सुथरा आकर्षक शरीर लेकर
चिड़ियाघर और सिविल अस्पताल के बीच
सूचना विभाग को छोड़कर
वही राजेश शर्मा
हुसैनगंज वाली ग्यारहवीं मंज़िल पर जा पहुँचा
जहाँ दरी पर चादर बिछाकर
अच्छे साहित्य से पैदा हुए अच्छे समाज की बातें की थीं हमने
लिफ्ट पर चढ़कर गया वह
कूदकर नीचे आने के लिए

जब दूसरे वह ऊँचाई नहीं देते
जहाँ आप ख़ुद का घंटाघर बनाए हुए होते हैं
तो ऊँचाई आपको ढकेल देती है

अपने को सबसे अलग समझने की
यह अलग ही कोई चोट है

जो ख़ुद पर ख़ुद ही मारनी पड़ती है राजेश की तरह

आत्महंता पद्धति को बहुत बार बहुत से कवियों ने
आजमाया है डिक्टेटर की तरह
लेकिन उनकी कविता की भाषा ही आख़िर काम आई
जो उन्होंने जीवन को चोट पहुँचाने से पहले
लोक से अपने संवाद के लिए रची थी

ज़िन्दगी बहुत सी चीज़ों के काम आती है
इसलिए आत्महत्या के भी काम आई एक दिन
जैसे अपनी मृत्यु ही सारी चीज़ों पर अन्तिम पर्दा हो।

जब मैं आया था

जब मैं आया था तेज़ क़दम झुके माथे के बावजूद
सँकरी गलियों और चौड़े रास्तों पर
लम्बी रुलाइयों के अलावा सिसकना भी सुनाई दे जाता था
कमज़ोर आवाज़ को पहचान की हद तक
उठाने का हल्ला था

लोक-परलोक की धुन बहुत बजती थी हवा में
सच्चा शोक बिना तर्क के सोने नहीं देता था
अकाल में मृत्यु के अलावा पूर्वजन्म का कोई फल नहीं दिखता था

पर समय की कोई सांस्कृतिक सियासत थी
कि दो अकेले भी दोस्त हो जाते थे
भले ही समूह झगड़ रहे हों

अब आवाज़ें बुलंद और सड़कें चौड़ी हैं
रुलाई की जगह ग़ुस्सा है

सिसकने की जगह हल्ला नहीं हल्ला बोल है
शोक खानदानी बदले में बदल गए हैं

माथे
धर्म और जाति के लाभ से झुके हैं
विनम्रता से नहीं

नए-नए प्रकार के गुरूर असहमति को घृणा में
घृणा को विचारधारा में बदल रहे हैं

समूहों में दोस्ती हो रही है
खुले विचारों वाले अकेले व्यक्तियों के ख़िलाफ़।

अपनी भाषा पर सन्देह करो

भारतीय माइथालॉजी में कुछ शब्द साम्प्रदायिक बनाकर प्रचारित किए गए हैं। इसकी वजह है—मिथकों को धर्म से जोड़ना। धर्म से विचार को अलग करने के लिए मिथ पैदा हुए हैं, ऐसा मेरा सोचना है। उदाहरण के लिए, ऐसे कई शब्द हैं जो लिखे जा सकते हैं, जैसे कि 'ब्रह्म' शब्द को यदि लें तो उसे कुछ लोग 'ब्रह्मा' से जोड़ देते हैं। जबकि 'ब्रह्म' शब्द नितांत वैयक्तिक चेतना के लिए या उसको इंगित करने के लिए पैदा हुआ प्रतीत होता है। यद्यपि वैयक्तिक चेतना भी कहीं-न-कहीं सामूहिक चेतना की क्रिया-प्रतिक्रिया से ही संचालित होती है, फिर भी व्यक्ति का निजी 'ब्रह्म' किसी घटना या किसी समस्या को महसूस करने के सन्दर्भ में या परिप्रेक्ष्य में क्या कहता है, यह एक विचारणीय बिन्दु है। ब्रह्म, वैयक्तिक चेतना के बाद सामूहिक सामाजिक चेतना का हिस्सा बन जाता है। यही चेतना किसी भी व्यक्ति को 'ब्रह्मा' अर्थात् रचयिता बना देती है। यहाँ ब्रह्मा का अभिप्राय अवतार कथा के ब्रह्मा से नहीं है। बल्कि ब्रह्मा का एक व्यापक अभिप्राय विश्वकर्मा के अर्थ में जा मिलता है। व्यक्ति विश्व-निर्मिति में अपनी ज्ञानपूर्ण संरचनात्मक भूमिका देखने लगता है। चेतना के धरातल पर संघटित निर्मिति की स्थिति में पहुँचते ही व्यक्ति स्वयं में उस वैचारिक धरातल पर पहुँच जाता है, जहाँ वह सजग और सचेत ढंग से कह सकता है कि—अहं ब्रह्मस्मि—मैं ही ब्रह्म हूँ। अर्थात् मैं ही चेतना हूँ। मैं ही संज्ञा हूँ।

जब व्यक्ति चेतना अपने सामूहिक सम्बन्धों के रचनात्मक परिणामों के कारण ख़ुद को सारी सांसारिक गतिविधियों के लिए ज़िम्मेदार मानने लगता है, तभी वह कह सकता है कि मैं ब्रह्म हूँ। यानी कि सृजन करने की सारी परिस्थितियों के लिए हर तरह से मैं जवाबदेह हूँ।

अपने अन्दर से बाहर आ जाओ

हर चीज़ यहाँ
किसी-न-किसी चीज़ के अन्दर है
हर भीतर जैसे बाहर के अन्दर है

फैलकर भी सारा-का-सारा बाहर
ब्रह्मांड के अन्दर है
बहुत सुन्दर क्योंकि वह किसी के अन्दर है

भीतर से ज़्यादा बाहर सुन्दर है
क्योंकि ब्रह्मांड के अन्दर है
थोड़ा मेरा वर्तमान अतीत के भीतर
थोड़ा भविष्य में
ज़्यादा भविष्य के बाहर है
हर भीतर फिर भी बाहर के अन्दर है

मैं सारे अन्दर-बाहर का छोटा-सा मॉडल हूँ
दिखते-अदिखते प्रतिबिम्बों से बना
अविम्बित
प्रतीक्षा में पड़ी हुई किसी नए बिम्ब की
सम्भावना-सा ज़्यादा सुन्दर...

भीतर से ज़्यादा बाहर सुन्दर है
क्योंकि वह ब्रह्मांड के अन्दर है

इधर मैं भविष्य के भीतर हूँ
जिसका प्रसार भविष्य से भी बाहर है

बाहर का भीतर-भीतर का बाहर जानने की
मेरी इच्छा की बड़ी इच्छा है कि जान सकूँ
कि जो भी बाहर है वह किसके अन्दर है
क्योंकि हर बाहर भी किसी-न-किसी चीज़ के अन्दर है
ब्रह्मांड के भीतर। ब्रह्मांड के बाहर
तभी वह सँभला हुआ तभी वह सुन्दर है
तुम अपने बाहर को अन्दर जानकर
अपने अन्दर से बाहर आ जाओ

लुट जाने के बाद का होना

शाम तक यहाँ दिन और धूप दोनों लुट जाते हैं
चाँद-तारों का कारवाँ लेकर चलती रात का
सुबह तक पूरा अँधेरा लुट जाता है

क्षणों, लम्हों और घंटे-घड़ियों के रेले पिटे जुलूस की तरह
ज़िन्दगी के तुड़े-मुड़े जूते छोड़कर कहीं ग़ायब हो जाते हैं

फिर भी सोख़्ता सूरज नमकीन समुद्र को
चट करने की हरक़त नहीं छोड़ता

समय को दुधारू भैंस की तरह सेंधा नमक
चटवाता रहता है सैंधव

ताप के प्रताप से भाप और बादल
जितना चुरा सकती हैं चुरा लेती हैं हवाएँ
दम घुटे कोहराम-सा आराम से फैल जाता है कोहरा

शोषक सूरज नौगुना से सौगुना तक वापस कर देता है
नमकीन के बदले बरसा देता है
मीठे पानी का पूरा चौमासा

आसमान से उतरता रहता है नई-नई तारीख़ें लेकर
समकालीन होता कालचक्र
सीधा समय भी टेढ़ी चालें चलकर

चाँद-सूरज की दैनिक लूट मचाए रखता है
धूप-चाँदनी और अँधेरा एक ही गठरी में ले जाता है

इन दिनों राजनीति की तरह लूट का कोई निश्चित सिद्धांत नहीं
रोज लुट जाती है सुबह-शाम
बेवक़्त भी समय अपना काम कर जाता है

किस पर हक़, किस पर शक जताएँ
दिनमान...रातमान
अलग होना भी एक रिश्ता बताया जा रहा है

पानी भी बर्फ़ बनकर थमने को जमना बना देता है
जैसे कोई अच्छा-ख़ासा काम करता गृहस्थ
भेस बदलकर साधू बन जाए
फिर बर्फ़ की तरह अपनी जकड़बंदियाँ ढीली कर डाले

जमे-थमे का द्रवित होना। जमाव का रिसाव में बदल जाना
समय और उम्र को न वर्तमान में बटोर सकते हैं
न भविष्य की अनिश्चित अंजुली में

कभी आदमी के भेस में भी समय और कर्म लुटेरे बन जाते हैं
लुट जाने के बाद भी एक और दिन बनकर उग आता है समय
समय के इतिहास में असमय के ग्राहकों की कमी नहीं
बहुत कम लोग हैं, जो जानते हैं कि कविता बनाते हुए
लुट जाती है भाषा।

कैसे कहूँ

कैसे कहूँ कि शामिल नहीं हूँ मैं
मूर्खता और धूर्तता का पर्दा है यह मासूमियत
जो ज़ोर-ज़ोर से समझदार कह रही है मुझे

बोलचाल के सारे शब्द
व्यवस्था और सत्ता में हमेशा शामिल रहे हैं
बदचलनी में भी शानदार शब्द काम आते-जाते रहे हैं

हमेशा से भावनाओं का ज़मीर बनी रही है भाषा
केवल अनुवाद नहीं
ये समकालीन, आपातकालीन उपाय
विज्ञापन, आश्वासन, आह्वान
सब मुझे ही सम्बोधित हैं
तब कैसे कहूँ कि शामिल नहीं हूँ मैं?

खाऊ, कमाऊ, ख़ुदग़र्ज व्यापारी भाषा
अन्तरराष्ट्रीय कुम्भमेला होती जा रही है
बुद्धि का मुँह कोई लाइसेंसी दुकान नहीं
कि जब चाहे शटर बन्द कर दिया
दिल देखोगे तो पहचान जाओगे बातें
गोली-सी कहाँ-कहाँ लगी हैं
सिलसिला न ढूँढ़ो बहते पानी का
कौन-सा हिस्सा जाने कब आगे कब पीछे हो जाए
साथ चलते ही
नया पुराना, पुराना नया हो जाता है

सूरत रुआँसी हो या अँसुआई
गढ़ने-पढ़ने लायक़ बनानी पड़ती है
पासबुक में सौ रुपया। गड्ढे में चुल्लू-भर पानी
मरे में भी आस वापस आ जाती है

ताक़त का बखान करनेवाली सशक्त भाषा भी
कमज़ोरी के वर्णन में हाँफ जाती है
ऐसे में हो सकता है परदेसी मुहावरा
यह कहकर काम कर जाए—
कि इधर से गुज़र रहे थे, सोचा आपसे मिलते चलें

लाख चाहूँ कि नहीं शामिल होना है तो भी
भाषा का आवेग ढाल की ओर ले जाता है
ख़ुद एक रास्ता बनाता है और ज़िन्दगी चल पड़ती है
लगने के बहाने बहुत कुछ उड़ा देती है हवा
ख़रीदने के बहाने बेच आती है
कैसे कहूँ कि शामिल नहीं हूँ मैं?

बताना और पूछना

जब इतनी बड़ी-बड़ी बिल्डिंगें नहीं थीं
तब पेड़ बताते थे ऊँचाई
गहराई की कल्पना नींव और कुएँ से ज़्यादा नहीं थी
जड़ें बता देती थीं पानी की थाह

पत्ते और पतंग बताते थे हवा का रुख़
यह भी कि फरफरा रही है या सरसरा रही है
बिल्डिंगों से टकरा-टकराकर
वहीं-वहीं रेंगते। बासी पड़ जाते हैं झोंके
मोहल्ले के किसी बचे-खुचे पेड़ से उतरकर
ब-मुश्किल कोने पर उगी थोड़ी-सी घास चूम पाते हैं
जो लहराने की जगह बस सिर से कमर तक
हिलकर रह जाती है

बेतरतीब घने मोहल्ले का क़ैदी पेड़
नागरिक भेद-भाव मिटाते हुए
साँस लेने की आज़ादी बाँटने
कुम्हलाता-सा फिर वापस आ जाता लगता है
बस हल्के-से हिल पाते हैं तिमंज़िली खिड़की के पर्दे

शहरों से बाहर गाँवों की उन्मुक्त फ़सलें
हिलोरें मारती मिलती थीं
कभी किसी गँवार को जानवरों की भूख ने नहीं पूछा
दाल-रोटी, साग-पात में और घास-पात में से

किसका स्वाद ज़्यादा और कमतर है
रोटी खाने और घास खानेवाले में
किसकी भूख ज़्यादा महान है?

ज़्यादा पुराना हो रहा हूँ

नए के मुक़ाबले मैं ज़्यादा पुराना हो रहा हूँ
जो होने में नए को बहुत दिन लगेंगे
ज़िन्दगी भी गँवानी पड़ सकती है

नया कुछ कर गुज़र जाता है
तब पुराना हो पाता है
पर आश्चर्य कि किसी अगली रचना में
कोई पुराना नए से भी नया हो जाता है
जैसे कोशिश कर रहा हो कि फिर से होनहार कैसे बनूँ

पाताल और अन्तरिक्ष में एक साथ जाना और जीना
साक्षात अनुभव का मौलिक बखान बताता है
कि कोई-सा भी जन्म अपने ही पुराने जन्मों का अनुवाद है

क्या हू-ब-हू, ज्यों-का-त्यों ही यथार्थ है
या जिसका जैसा अर्थ है
वह उसका यथार्थ है
बरती हुई भाषा चलेगी नहीं
अनुभवहीन ग़रीब कहलाएगी,

भाषा के उत्खनन में मज़दूर कवि के लिए
अंधकूप भी अनुभव स्वरूप है

भाषा नई। विचार पुराना
विचार नया। भाषा पुरानी

ध्वनि का कोई आलोक नहीं
इन हालात में फिर से उतरना पड़ेगा भव सागर में
भाव का ताप भव-ताप से नापना पड़ेगा

क्षणों से बने समय को घटनाओं से बनी समस्याएँ
ढँकने लगती हैं
मगर समय है कि सरक ही जाता है

रातों-रात घटित हुआ जीवन
यादों की क़ैद में पड़ा रह जाता है

क़ैदियों की रातें भी गिनी जाती हैं
क्योंकि दु:ख के दिन बीत जाते हैं
रातें नहीं कटतीं।

ऐसे समय में

औज़ार भले ही कहीं गोदाम में रखे हुए हों दूर
पर इस्तेमाल उनका दिमाग़ में रखा हुआ
कभी भी कहीं भी चलता रहता है

कई चोटों से बना शिलालेख-सा चेहरा
स्पष्ट तौर पर इतना आड़ा-तिरछा कि भुलाने जैसा कुछ भी न था उसमें
पर जब याद करके उसकी अनुकृति बनानी चाही
पता पड़ा कई ओने-कोने उसके मैं भूल चुका हूँ
और इससे भी बड़ी भूल तो यह लगी कि ग़लतियों से
कुछ सीखते रहना भी इधर भूल-सा गया हूँ मैं

उधर उस पत्थर में थोड़ी देर उसी जैसा होकर सोचने लगा
पत्थर की याद में छिपे किसी फूल की तरह अपनी भी यादों को
काट-छाँट कर उकेरो तो खिलाया जा सकता है पत्थर को भी

बहुत से पदार्थ हैं जो कई चीज़ों की अनुकृतियाँ छिपाए होते हैं अपने में
बस उकेरने वाले को अपनी पसन्द का कुछ याद आना चाहिए

आकृतियों के बीज छिपे होते हैं
लोहे में आग की तरह, पत्थर में लपट की तरह
जैसे स्त्री-पुरुष में छिपी होती है अगले मनुष्य की रुलाई
और हँसी भी तोड़-फोड़ वाली
कोई चीज़ कौंधकर किसी और का चेहरा चमका देता है
ऐसे समय में
दीवार कैनवस में और फ़र्श आसमान में बदल जाती है।

दुःख की बात

निरर्थकताओं को सार्थकता में बदलने के लिए
हम संघर्ष करते हैं
बदहालियों को ख़ुशहालियों में बदलने के लिए हम संघर्ष करते हैं
क्योंकि कमियाँ जब अभाव बन जाती हैं तो वे बीमारियाँ बन जाती हैं
और बीमारी में भी हम संघर्ष करते हैं

कोई डाक्टर नहीं बताता कि क्या-क्या अभाव है किसी के जीवन में
वे सिर्फ़ उन जगहों के बारे में पूछते हैं जो दुख रही होती हैं
या जानलेवा दर्द उठा रही होती हैं जिससे हम संघर्ष करते हैं

मौत से फिर कभी हम बाद में मरते हैं
और फिर मौत को ही ज़िम्मेदार ठहराते हैं अपनी मौत का
हम मरने के बाद भी काफ़ी संघर्ष करते हैं

आज शरीर विज्ञान में हो रहे अनुसंधान की एक ख़बर पढ़ी
उस दवा के सेवन से अब आदमी बूढ़ा नहीं होगा
यह कितने दुःख की बात है कि आदमी जवान रहेगा और मर जाएगा।

एक मैं हूँ

असमय कुसमय और सुसमय में
जीवन के कम से कम समय में बहुत गोते खाए मनुष्यों ने

समय ने खाए अन्न कपड़े घर और जूते
प्रकृति की और अपनी भी बहुत मार खाई मनुष्यों ने
तब कहीं कितनी थोड़ी-सी मनुष्यता सीख पाए!

सारा आया-गया खाया, भूखंड और मकान खाए, बैलगाड़ियाँ खाईं
भाँडे, बर्तनों से लेकर साइकिलें, स्कूटरें, ट्रकें और कारें खाईं
खानें और कारख़ाने खाए। टमाटर और टायर खाए
नावों और जहाज़ों के साथ हवाई जहाज़ खाए
गुनाहों और पछतावों की क़समें खाईं
गालियाँ और मिठाइयाँ खाने के बाद
बड़े-बड़े धोखों और धक्कों के बीच असली-नकली दवाइयाँ खाईं

याने कुछ को
उनके समय में ही उनके समय ने खाया
कुछ को उनके काम-धाम और विचारों ने खाया
बहुतों ने ठाठ से खाया सबके हिस्से का समय

थोड़ा जो हर किसी को चाहिए था समय
किसी को पूरा नहीं पड़ा
उसे भी नहीं जिसने एक वित्त वर्ष में ही करोड़ों खाए थे

मनुष्यों ने मनुष्य खाए श्रम देने वाले कच्चे माल की तरह
साल-दर-साल और सदियों खाया एक ने दूसरे को
उन्हीं समयों, उन्हीं मनुष्यों में से
एक मैं हूँ, अधखाया, अधमरा
न ठीक से जागा हुआ न ठीक से सोया हुआ।

समय था एक

एक समय था जब सारा समय फालतू था
एक अब है जब हमें फुर्सत न होने का वरदान है
दुनियादारी अन्तरिक्ष तक बालिग हो गई
पृथ्वी का सारा समय नाबालिग-सा क्यों?

पता नहीं मनुष्य कब बालिग़ हो गया
पर मनुष्यता क्यों नाबालिग़ और अनाथ लगती है?
रोटी का नहीं फूलों का न होना चिन्ताजनक है

वयस्कता की बात पर बूढ़े वनस्पति विज्ञानी ने
बच्चे की तरह दिखाया मुझे एक फिट का बटवृक्ष
पौन फिट का पीपल
छह इंच के चीड़ और दो इंच के देवदारु

अभी और कितना बालिग होने के लिए कितना बौना होना है हमें
अभी और कितना वयस्क होना है कि सूक्ष्मदर्शी से देखे जा सकें।

घरेलू सौंदर्य का देश

अप्रैल के आख़िरी हफ़्ते की एक दोपहर है
पाँच–सात रंगों से मिलकर उदासी भी खिली हुई है
सब रंगों की सीटी बजा कर समय निकलता जा रहा है
नीचे घाटी में देखो तो आर-पार
एक छोटा-सा घरेलू देश अपने आगे ही फैला हुआ दिखता है

चीड़ के जंगलों का हरा उजाला कुछ भूरा होता जा रहा है
जैसे बिना माँजे हुए ताँबे की गागर

बांज के जंगलों का हरा अँधेरा पत्तियाँ उलट जाने से
कभी-कभी सफ़ेद दिख जाता है
जिधर धूप नहीं है कुछ काला-सा होता जा रहा है
जैसे दीये रखने का आला

बुरांस के जंगलों का बादामी हरा और लाल उजाला
कुछ मटमैला-सा होता जा रहा है
जैसे किसी रिटायर फ़ौजी का पुराना ओवरकोट

सन्नाटा दोस्त की तरह साथ चल रहा है
एक पर दूसरे के सन्देह की तरह।

मई में हो शायद
मटियाली धार के सीले अँधेरे पाखों में सूरज की कृपा

शायद कुछ पाला अपने बंधन से मुक्त हो

शायद 'दयारा' की कुछ बर्फ़ अपने रूप को त्यागे
अप्रैल की सीटी बजाती शांत दोपहर में शायद ये सवाल उभरें
पानी की सफलता बर्फ़ बन जाने में है
या बर्फ़ की मुक्ति पानी बन जाने में?

इन भूरे हरे लाल जंगलों के ताँबई अँधेरों में
जहाँ लोहे जैसे काले अँधेरे रहते थे
बर्फ़ से सफ़ेद पड़ी खाइयाँ ठिठुर रही हैं

सूरज की किरण डर कर कभी छाया जैसी काली
कभी डर कर रक्तहीन पीली पड़ जाती है
जब बाघ उसे अपने पंजों पर गिरते हुए देखता है

पानी की ठंडी बूँद की तरह

वह प्यार से चाटेगा अपने पंजों पर गिरती हुई
फटे बादल से आती हुई धूप को।

कई डेरों वाला शहर

मनुष्यता के मूलभूत गुण और मानवीय क्रूरताओं के समकालीन अत्याचारों के बीच कोई भी एक तटस्थ लेखक हो ही नहीं सकता। लेखक कैमरा नहीं है, लेखक एक संवेदनशील आँख है, जिसके पास विचारधारा से पहले आँसुओं की धारा है। मुझे लगता है, मैं कवि होकर ख़ुद का ही शिकार कर रहा हूँ और ख़ुद अपने मनुष्य होने का शिकार हो रहा हूँ।

मैं आत्मसमर्पण करना चाहता हूँ। मैं अपने ही रचे शब्दों में शरणागति माँगता हूँ। पर वे मेरे बदले की आक्रामकता लिए हुए हैं। भाषा से मुक्ति पाना मुश्किल है। कहते हैं कि ईश्वर ने दुनिया बनाई, इसलिए सारे मनुष्यों की आंतरिक और बाह्य संरचना एक-जैसी है। लेकिन यह तो तय है और सिद्ध है कि भाषा ईश्वर ने नहीं बनाई। भाषा मनुष्यों ने अपने परिवेश और भूगोल के सांसर्गिक दबाव में बनाई। ईश्वर भाषा बनाता तो शारीरिक ढाँचे की तरह भाषा का भी पूरी दुनिया में एक-जैसा ढाँचा होता। आज स्थिति यह है कि हर इतिहास, भूगोल में रहनेवाले मनुष्य के विचारों को जानने से पहले उसकी भाषा को जानना ज़रूरी होता है। तब पता चलता है कि भाषा के पीछे भी मनुष्य ने एक अलग विधि, एक अलग कर्मकांड, एक अलग धर्म खड़ा कर रखा है। इन्हीं सब बाधाओं से मुक्त होने के लिए मनुष्य को अपने लिए बहुत-सी मुक्तियाँ खोजनी होंगी। मनुष्यों को अपने अभेद उजागर करने के लिए बहुत-से भेद मिटाने होंगे। आज भाषाओं में इतनी पुकार के ज़हर भर चुके हैं कि उन्हें छानना या पहचानना ही मुश्किल होता जा रहा है। भाषा ही भाषा की दुश्मन होती जा रही है। फिर भी कवि हैं कि पूरी दुनिया के मनुष्यों को एक करने की हरकतों से बाज नहीं आते। बस इसी बिन्दु पर मुझे अपना थोड़ा-बहुत कवि होना कभी-कभी किसी कविता में अच्छा लगने लगता है। शंका यही बनी रहती है कि ईश्वर जब हमारी भाषाएँ नहीं समझता तो हमारी प्रार्थनाएँ क्या समझता होगा? पर अगर ईश्वर इतनी सारी भाषाओं में कवियों की प्रार्थनाएँ समझता है तो ईश्वर सबसे बड़ा अनुवादक है। उसका अनुवाद अनुभाग सर्वाधिक संवेदनशील और सबसे एक साथ संवाद जारी रखने में सक्षम एवं सक्रिय है। हो सकता है उसका कोई प्रवक्ता आकर कहे कि ईश्वर पर नहीं, अपनी भाषा पर सन्देह करो।

कई डेरों वाला एक शहर

शहर अपना कोई एक केन्द्र नहीं बनाता। अपने इक्के-दुक्के शुरुआती केन्द्रों से बाहर फैल जाता है। बड़े होते नगर और भी पसरते महानगरों में बदल जाते हैं। वे छोटे-बड़े चौराहों को स्थानीय भूगोल की परिधि से बाहर लाकर मंडियों के बग़ल में बसा देते हैं। वे छोटी-छोटी आँखों को घरों की चीकट दीवारों से बाहर लाकर होटलों के बड़े-बड़े आईनों में झाँकने का मौक़ा देते हैं। पानी जैसे साफ़ आईने आत्मसाक्षात्कार से गुज़ारते हैं लोगों को। झुके हुए कंधे काँच की दीवारें देखकर सीधे हो जाते हैं।

शहर एक जैसे उजाले अँधेरे में रहने की ग़लती नहीं करते। वे अँधेरों को भी रंग देते हैं। उजालों को भी अँधेरा कर देते हैं। जहाँ अँधेरे के कोने पर खिला है एक गुलाब, वह प्रकाश का एक पौधा है।

छतों की कतारें और मकानों की दीवारें अवैध सम्बन्धों की तरह नदी-नालों के किनारों तक पहुँच जाती हैं। वे किनारे पड़े शिवालों, मस्जिदों, कब्रिस्तानों तक को केन्द्र में ले आते हैं। बहुत से विदा-ना-विदा लोगों को गुरुद्वारों के लंगर में एक साथ खाना खाते हुए देख सकते हैं। बहुत से शहर किसी घड़े या दोने से शुरू होते हैं और पहाड़ के क्षितिज तक चढ़ जाते हैं। ऐसे भी शहर हैं जो छोटी-छोटी पैड़ियों से शुरू होते हैं और त्रिशूल जैसे शिखरों पर सदियों टँगे दिख सकते हैं।

बसावटों के बीच जहाँ जघन्य वारदातें हो चुकी हों, वे जगहें चाहे जितनी दूर हों, अचानक किसी भी शहर का केन्द्र हो जाती हैं। हर शहर के अपने गाने तराने हो जाते हैं। अपनी तरह के मर्दाने और जनाने हो जाते हैं। किसी भी शहर की प्रार्थनाओं में झाँक कर देखो तो क़दम-क़दम पर बने हुए हैं भगवानों के अड्डे।

देहरादून

'पतंगा' फ़िल्म के गाने में। इल्मी ख़बर की तरह सुने थे
रंगून, टेलीफून और देहरादून के तुक
तभी से धुक धुका गया था मेरा दिल यहाँ आने को

क्या दिन थे? छोटे से लम्बे हो रहे थे क़मीज़ के कॉलर
नुकीले हो रहे थे बूटों के 'टो'
सँकरी से चौड़ी हो रही थीं पतलूनों की मोहरियाँ
हिट हो रही थी शमशाद बेगम की आवाज़
तुक ही नहीं एक छंद भी बना रहे थे सी. रामचंद्र
राजेंद्र कृष्ण ने शायद निगार को ध्यान में रखकर लिखा होगा
शहरों की दूरियों के बीच टेलीफ़ोन के सहारे का यह गीत
सैकड़ों मीलों की दूरियों को पाटता यह गीत
तभी धाँगण गाँव के जंगल में सुनी थी
लोकगीत की एक बंदिश—
ज़िन्दगी के खच्चर की पीठ पर लदे बोरे में
भरा है मन-भर लून (नमक)
ऊँची तेरी मसूरी, नीचा देहरादून...

बहुत मीठी लगी थी यह पंक्ति
जो बता रही थी शहरों के खाईनुमा, चढ़ाईनुमा सम्बन्ध
सालों बाद कर पाया मैं
देहरादून आने का प्रबन्ध

जिसके आसपास बज रही थी
'मेरे पिया गए रंगून' की धुँधली सी धुन...

कभी बहुत पानी, कभी कम पानी, कभी बिना पानी की
रिस्पना और बिंदाल के बीच बसे
नहरों-भरे शहर में...

यह शहर भी कई मुहानों और मुकामों को छोड़कर
बाहर निकल चुका था
कई नए ठिकानों को केन्द्र बनाकर फैलता जा रहा था देहरादून

सालावाला, जोगीवाला, कुआँवाला
मेहूँवाला से झंडावाला
सभावाला से केसरवाला तक के कई ध्रुवों तक
फैल चुका था देहरादून

अब जैसा बेकार नहीं लगता था घंटाघर
समय देखने के लिए घंटाघर को हर मुट्ठी में पहुँचा दिया था
मोबाइल ने
घड़ी घड़ी कोई नहीं देखता था पीपल के पीछे
छिपा हुआ घंटाघर

जहाँ फालतू लेन तक छाये हुए रहते थे बेकार बेरोज़गार
वहाँ से हट चुका था सिनेमाघर भी

मसूरी में भी सुना एक और घंटाघर है
सँकरी जगह गिरफ़्तार व्यक्ति की तरह खड़ा
ख़राब घड़ियों के बावजूद
समय है कि शहर पर समय थूक रहा है
चोटियों पर घड़ी फिट कर दो तो हर पहाड़
घंटाघर-सा दिखे
पर जब सूरज चाँद निकलते हैं शिखरों के पीछे से
तो लगता है पहाड़ के हाथ में भी घड़ी है
हरिद्वार और ऋषिकेश के बीच
कबड्डी खेलता
चारों ओर पहाड़ खुरचता
मसूरी की ओर बढ़ रहा है देहरादून

कोठाल गेट के ऊपर चढ़ चुका है देहरादून

डाट देवी से वाया मोहंड यू.पी. में बरकरार है देहरादून
पिछली लाइन में हाथ उठाए लोगों की तरह
सहारनपुर भी उचका हुआ है उत्तराखंड में शामिल होने के लिए

अंग्रेज़ों के सौंदर्यबोध पर प्रश्नचिन्ह लगाता है देहरादून
ताँगों और कुत्ता दौड़ के लायक लगती हैं यहाँ की सारी सड़कें
जिसे कभी तराशा न गया हो
घनी डालों वाले पेड़ की तरह लगता है डालनवाला

जंगल काटकर कोठियाँ उगाता जा रहा है देहरादून
1960 तक यहाँ पंखे नहीं चलते थे
बाटा की दुकान तो थी पंखों की नहीं
धूप की वजह से नहीं बारिश की वजह से बिकते थे छाते
हिमालय का चेरापूँजी था देहरादून

जून में भी हाफ स्वेटर लायक जड़ाते रहते थे लोग
रिटायर्ड भी टायर्ड नहीं लगते थे
बहती नहरों के बीच सब धुला-खिला लगता था
पल्टन बाज़ार हो या डांडीपुर

कहते हैं कि देहरादून का पानी महिलाओं को
ज़्यादा माफिक पड़ता है
महिलाओं में कुछ ज़्यादा ही दमकता है देहरादून
कोई भी रंग देहरादून में ज़्यादा चमकता है
सब में लीची, आम, गाजर जैसा निखर आता है रक्त

ऋषिकेश जाते सात मोड़ वाले हाथी खाले से
विकास नगर जाते चोर खाले तक
भीड़ को कहीं भी एकांत नहीं
ख़ूनी गदेरे में भी भीड़ ही भीड़ है
रानी पोखरी से पाँवटा साहिब तक फैल गया है देहरादून

पब्लिक स्कूल के नाम से इतने अंग्रेज़ी स्कूल खुल गए हैं
कि बेरोज़गार
कुत्तों से भी अंग्रेज़ी बोलते दिखते हैं
जिसकी वजह से सड़कें कुछ चौड़ी हुईं
उद्योग और हवाई अड्डे की स्थापना हुई
उस विकास नक्षत्र नारायण दत्त तिवारी को
उन्हीं की कांग्रेस पार्टी के धूर्त नेताओं ने चैन से नहीं रहने दिया

अब यहाँ फ़ौजियों से भी ज़्यादा नेता हैं
अफ़ग़ानी बासमती और चीनी लीची। दोनों ग़ायब हो गए हैं

दुश्चक्र और पंखे। दोनों एक साथ घूम रहे हैं
तिकड़मियों की धाँधली। धंधा चलाने वाली सरकारों की
ग़लतियाँ। एक दूसरे को कोस भी रही हैं और पोस भी रही हैं

जंगल ख़त्म। मगर जंगलीपन को घरों में पनाह मिल गई है
चोर पानी और झड़ी पानी में कोई फ़र्क़ नहीं

जोगीवाला से डोईवाला के बीच
प्रेम नगर से विकास नगर के बीच
रंगून और टेलीफ़ोन के बिना भी बहुत परचून हो गया है

अचानक सबकुछ झंडेवालान की तरह भिंच गया है
होमियोपैथी, ऐलोपैथी, डेंटिस्टों से भरे सहारनपुर चौक के
कोई जबड़े नहीं खोल पा रहा है
कोई भी रास्ता अपनी कल्पना में घरों की बाउंड्री तोड़ना चाहता है

चुक्खूवाला से डोभालवाला निकलती। ताँगा कुत्ता गलियाँ
अपने पर हुई बारिश को खुड़बुड़ा की ओर ढकेल रही हैं
काँवली रोड पिछड़ेपन का कंबल ओढ़े हुए है
धर्मपुर का सारा पानी ईस्ट कैनाल की ओर जा रहा है
जो पाटकर ई.सी. रोड हो गया है
राजपुर रोड का पानी बिंदाल और रिस्पना को ढूँढ़ रहा है

देहरादून के बीच में फँसे गाँव
अपने पहाड़ी गाँवों के देवता को याद करते हैं
एक जोड़ी नए जूतों की क़ीमत के बराबर भी
नहीं मिल रही मनरेगा में मासिक मजूरी

यों देखा जाए तो देहरादून में
पंजाब से, नेपाल से, बिहार से
और भारत के सभी सूबों से बहुत डेरे आ गए हैं
और अब तो गढ़वाल और कुमायूँ से भी लुढ़कते-पुढ़कते
आ गए हैं लोग
रात गुज़ारने की कल्लूमल धर्मशाला भी गई।

एक सुबह के दो चित्र

एक

ब्याँती रात देखकर
आँखें मूँद सितारे छिप जाते हैं

नए दिन का जन्म हो रहा है
झूठे गवाह की तरह सबको अँधेरे में रखना चाहते हैं वे
क्योंकि वही उजाले का सबसे पहला संवाहक है

उषा की सिन्दूरी सेज से लिपटा
काली गाय का धौला बछड़ा
लुके छिपों को भी बाँटेगा अपना उजाला

नए दिन के सूर्य को जन्म दे रही है
यह कामधेनु घड़ी
जो शान्त क्षितिज पर रँभा रही है
देख रही है अपने बछड़े को उदित होते हुए।

दो

धान के दूध को चावल में बदलता
अपनी सफ़ेद आग से धधकता अश्विन का सूरज
मिले-जुले घिर रहे हैं काले और सफ़ेद बादल
वनस्पतियों पर गिर रहा है इन्द्रधनुषी पानी

शान्त गाय की तरह सिहर रही है
कामधेनु पृथ्वी
धीरे-धीरे पगुरा रहे हैं बाहरी-भीतरी पर्वत स्तन

क्षणों के काले भूरे जल्दबाज़ खुर
उछाल रहे हैं समय की धूल
फिर भी रोशनियाँ बहुछत्र फूल-सी खिली हुई हैं
विष्णुरंग से रँगा हुआ है प्रफुल्लित आकाश
किरणों की पद्मयौनियाँ खिली हुई हैं वसुधा पर
समुद्र ओढ़े लक्ष्मी जागनेवाली है
सिल्क वस्त्र-सा कोहरा धीरे-धीरे खिसक रहा है
जगह-जगह सुबह तरह-तरह से झाँकने वाली है।

देखते-देखते

देखते-देखते बदल जाते हैं पहाड़
जैसे अभी भी उड़ रहे हों
पता नहीं लगता किस अक्षांश से वे
सूरज चाँद तारों को अपनी आँख बना लेंगे
कहीं कहीं तो वे अपने हाथ पाँव और दिलेर
नदियों के छिपे होने का आभास भी नहीं देते

देखते-देखते कभी भी एक और नई ज़मीन बना लेते हैं
आसमान में। होंठों के बिल्कुल क़रीब

पता ही नहीं चलता झुका हुआ चूम रहा है
या उठा हुआ चूम रहा है झुके हुए को

किसी को उठाकर या ख़ुद को झुकाकर ही
चूमा जा सकता है एक दूसरे को।

हरे पेड़ घास और भूरे पत्थर भी चूम रहे हैं
नीले होंठों को
कैसे भी तिनके मीठे लग रहे हैं

प्रेम के अथाह समुद्र जैसा दिख रहा है आकाश
किनारे उगे हुए हैं
दंत पंक्ति जैसे पथरीले घासिल शिखर

देखते-देखते पहाड़ों का हरा रोमांच
चौरंगे दिल को गुदगुदा रहा है

उतरो तो पाताल तक हरियाली ही हरियाली
चढ़ो तो स्वर्ग की सीढ़ियों तक फूल ही फूल

टूटी टहनियों तक फैला है
अनंत बसंत का मूल पाठ

तृप्त आसमान आँखें मूँद लेटा है पहाड़ पर
धरती का एक और सपना देखते हुए
पहाड़ी चुम्बन के टूट पड़ते ही
कहीं फूट पड़ता है चश्मा
छाया हो तो रजत निर्झर
धूप हो तो स्वर्ण निर्झर झर रहा है।

नश्वर दुनिया भी कितनी शाश्वत है

नश्वर में शाश्वत के बीज हैं
शाश्वत में नश्वर के
यह जानकर या न जानकर भी
दुनिया का जी नहीं भरता

किसी भी कोशिश की
फिर से वैसी ही आदत बनी रहती है
कुछ आदतें तो इतनी नई
कि किसी भी पुरानी आदत की शक्ल नहीं मिलती

पशुओं को देखते ही घास भी
रोटी का संगीत बन जाती है
पशुओं में काम और दूध दोनों बढ़ जाते हैं

बल वीर्य कितना बढ़ा
वह साँड़ों के रजोगुण तमोगुण की
अगली लड़ाई में देखा जाएगा

मनुष्य हो या वनस्पति
हर कोई यहाँ नश्वर का शाश्वत बीज
लिये चल रहा है

ईश्वर को भी फिर फिर पशुओं के बीच
बाँसुरी बजाने में मज़ा आता है
पर धुन अक्सर बदल जाती है

मूर्खता के पशु मनुष्य को चराने पड़ते हैं
तभी मक्खन खाया जा सकता है

तुम भी क्या चीज़ हो भगवान!
तुम भी क्या चीज़ हो भगत!
दोनों चीज़ों की बातें तो सुनो
नश्वर दुनिया भी कितनी शाश्वत है।

जीवन तुम कितने महान हो

चाहता हूँ मृत्यु को एक अच्छी तरह बरता हुआ
कपड़ा मिले
जो सचमुच पहनने रहने लायक न रह गया हो
चाहता हूँ कि मृत्यु को वह आँख मिले
जो अपने सारे सपने देख चुकी हो
और उससे मृत्यु कोई सपना न देख पाए

क्यों मिलें मृत्यु को किसी के ठीक हाथ-पाँव
क्यों मिलें, ठीक लिवर, ठीक दाँत, ठीक दिमाग़
क्यों मिले बढ़िया दिल
क्यों मिले मृत्यु को तरोताज़ापन
मृत्यु को उठा हुआ सिर, भव्य माथा
चमकता चेहरा क्यों मिले?

स्वस्थ और स्वास्थ्य की क्यों हो मृत्यु?
मृत्यु को नसीब हो फेल दिल, फेल लिवर, फेल किडनी
चश्मे से भी न देख पाने वाली आँखें
बहरे कानों से झुँझला उठे मृत्यु
झुके कंधों पर सवार मृत्यु गिर पड़े कहीं
और उठ न पाए
इतनी परेशान हो जाए मृत्यु
कि जीवन के संसार में एक प्रार्थनापत्र देकर कहे
कि मुझे सक्रिय उपभोक्ता या कि उत्पादक जीवन
नहीं चाहिए
यह सब जीवित सक्रिय दुनिया को मुबारक हो

ठीक से उपभुक्त
कुछ न कर सकने वाला
सचमुच शिथिल पड़ चुका
पूर्ण विराम ढूँढ़ता जीवन चाहिए मुझे
मुझे सारे भोगों से ऊबा जीवन चाहिए
सारा का सारा निस्सार चाहिए मुझे

मैं सिर्फ़ अन्तिम निरर्थकता को
ठिकाने लगाने का काम कर सकती हूँ
ताकि निरर्थकता बहुत देर निरर्थक न पड़ी रहे

जीवन तुम कितने महान हो
मृत्यु की भी सारी इच्छाओं को पूरी कर देते हो।

दिन रात की छायाएँ

रंगीन चीज़ों की बेरंग छायाएँ
घरों के भीतर रहती हैं
चीज़ों के आसपास एक दूसरे पर गिरी हुईं

बाहर खुले में पड़ीं
कभी लम्बी कभी छोटी, वर्तुलाकार छायाएँ
पूरे दिन सूरज से पूछती रहती हैं अँधेरा क्या होता है

सूर्य ने कहा—बाहर की आँखों से भीतर जो दिखता है
उसी मेरी अनुपस्थिति का नाम अँधेरा है
हूँ तो दिन नहीं तो रात हूँ
अगर धूप काली होती तो रात जैसी होती

जिन कणों पर अँधेरा टिका होता है
उन्हीं कणों को मेरी उपस्थिति का स्पर्श
दिन बना देता है

अँधेरे का समतल। किसी भी दृष्टि को ख़तरे में डाल सकता है

काली दोमट रातों में
कपास और पोश्त जैसे आकाश कुसुम खिले रहते हैं
सिंचे हुए खेत जैसा लगता है आसमान
चाँद तारों को भी लोग मेरे छोटे भाई-बहिन मान लेते हैं
जिनके पास खेलने भर टिमटिमाने की रोशनी
छोड़ आता हूँ मैं

अँधेरे किसकिसाते मुँह। सुबह जैसा मीठा शब्द
चिड़ियों के मुँह से निकलते मेरे शब्द
दिशाएँ बाँट लेती हैं
मैं वनस्पतियों में फेफड़ों की ताकत भरने लगता हूँ
अँधेरे में रोशनी भरने लगता हूँ

तानपुरे की तरह गुनगुनाते। मधुमक्खियों की तरह भिनभिनाते स्वर
सुबह से शाम तक के समय से निकलकर
एक तार से खिंच जाते हैं लगातार रोशनी से भरे क्षण
कुछेक को मैं गढ़ते-गढ़ते अंकुरा भी देता हूँ
छाया सहित आकार के साथ

इन्तज़ार करती रातें मेरी अनुपस्थिति की आँखों में
काजल पारने बैठ जाती हैं
इतनी मेरे पल पल की पलकें
लाखों उजले वर्षों से भरी हुई हैं

मुझे नहीं
समय को कहीं न कहीं रात-भर का आराम मिल जाता है।

बिना नाव

बिना नाव जैसे बीज नदियाँ पार कर लेते हैं
उस तरह किसी के काम आकर
मैं कहीं जाकर फिर से उगना चाहता हूँ

मैं उगूँ और किसी को लगे कि यह तो शब्द है
भाषा है
बीजों की तरह उड़कर शब्द भी चले जाते हैं
किसी दूसरी भाषा में
इस सफर में फूल और पत्थर भी भाषा बन जाते हैं
आधे अधूरे व्यंजन भी स्वर पा जाते हैं

एक टहनी की मधुमक्खियों जैसी उड़ान
दूर खड़े पेड़ की टहनियों को
सफल बना देती है

भूख और मेहनत
दोनों रचते हैं बसंत
पैर भी खुरों जैसे ही कुचलते हैं पृथ्वी को।

सौंदर्य

वर्तमान में सौंदर्य बताता है
अपने अतीत के बारे में
न हुआ न होगा टाइप की शब्दावली में
भविष्य आ जाता है सौंदर्य को सँवारने

अतीत की तरह पानी पीता है सौंदर्य
और पेट साफ़ रखता है
सौंदर्य का दिल कितना साफ़ है
डाक्टरों को भी पता नहीं

सभ्यता को कोसता हुआ सौंदर्य
कुछ सँवला जाता है कुछ कुम्हला जाता है
लगता है सौंदर्य भी मेहनत कर सकता है

सौंदर्य ख़ुद एक दिलचस्प और पागल बना देने वाले
सौंदर्य के बारे में सोचता है
और पगला जाता है
लोग कहने लगते हैं कि यह पागल ख़ुद को
सुन्दर समझता है
वह सौंदर्य पर नहीं
सौंदर्य का भूत उस पर सवार हो जाता है

वह काँटों की निंदा करता है
जो आक्रामक उँगलियों को उन तक नहीं पहुँचने देता

सौंदर्य ने कभी नहीं समझा
कि उदारता ही सौंदर्य है
सौंदर्य का घमंड सौंदर्य की पोल खोल देता है।

आसमान में घास

घास से तुलना करो तो लगता है
अपमान कर रहे हैं
बिन बोये उग आने का
जलकर भी हरियाने का
हममें से किस का इतिहास है?

ऊँचाइयों और घनत्व में भी
मात दे रही हैं बहुमंज़ली इमारतें
किसी समय के आसमान छूते पेड़ों को
ये आसमानी मोहल्ले बौना बनाते जा रहे हैं

रात जैसी लम्बी कहानी और कविताएँ
छोटे छोटे शीर्षकों, उपशीर्षकों जैसे चाँद तारे
झूठ मूट ही पास आ गए लगते हैं
लोहे, ईंट गारे, सीमेंट से बने घरों में

चिड़ियों की उड़ानों से भी ऊपर चली गई हैं छतें
गिरती बारिश
सौ मंज़िल की ऊँचाई पर ही छू लेती है ज़मीन
वहीं आसमान में ही उग आती है घास
बौछारों-सी कंगूरों पर लटकी हुई
कहीं दूर से ही असली ज़मीन को निहारती हुई।

कोणार्क

कभी नहीं सोचा था सभ्यता के इस कोण पर
सपनों के सूर्य सहित
सलिंग स्तन और मनांकित चित्र
एक दिन पत्थरों के अन्दर हिल डुल रहे होंगे

रज और वीर्य का स्तम्भित परागण
उमड़-उमड़ आ रहा होगा मिथुन मूर्तियों में

देह के देहात का देवत्व
शिला अंगों में भी प्रस्फुटित होगा
कभी नहीं सोचा था

जड़ों से फुनगियों तक। उग रहे होंगे पत्थर
पैरों से माथे तक दमक रहा होगा काम
हर चेहरे पर सुबह के घाम की लय चमक रही होगी
कभी नहीं सोचा था

ऊर्ध्वरेता पराक्रम की मांसपेशियाँ
छेनी हथौड़े के नीचे से नहाकर आ रही होंगी
साफ़-साफ़ दिख रहे होंगे जननांकुर
कभी सोचा नहीं था

पत्थरों से उपज रहे होंगे स्त्री पुरुष और बच्चे
निनादित हो रहा होगा

मेरी ही आकृतियों का मनोज मृदंग
कभी नहीं सोचा था

ललित लास्य में हो रहा होगा इंद्रियों का तांडव
मानसिक खेद से भिंचे
मोहिल रेतीले स्वेद से सिंचे। देहिल होकर
कसमसाकर उभर उट्ठे होंगे सारे पत्थर
कभी नहीं सोचा था।

यादों का पहाड़

यादें भी दिमाग़ का बोझ हैं। कभी हल्का-फुल्का, कभी भारी बोझ। भुलाना सारे बोझ उतांर देता है। पर जब भुलाना भी याद आता है तो अपने से ही अपने संकट लड़ने-भिड़ने लगते हैं। भुलाने से मुक्ति नहीं मिलती। भुलाने से यादें और याद आती हैं।

बीती हुई ऋतुएँ फिर से आ जाती हैं। तब अनुभूति के कागज के लिए रंग कम पड़ जाते हैं। भविष्य की ओर जाने के लिए मुझे अपने में ही थोड़ा और कोशिश करनी पड़ती है।

कोई जगह पाने और कोई जगह बदलने के लिए मेरी किसी-न-किसी इच्छा का हाथ दिखता है।

बसंत के अंतरतम में पतझर भी आवाज़ देता हुआ अपना आकार ले लेता है।

अपने-अपने बाघ इन्हीं इच्छाओं का नतीजा हैं। और अपने ही काटे हुए घास के पूले अपने को ही छिपाने के काम आते हैं।

एक पहाड़ की याद

सात पहाड़ों का एक पहाड़
सात पहाड़ जैसे पीछे की सात पीढ़ियाँ
सैकड़ों पहाड़ों में हमेशा दिखाई देता है
सात पहाड़ों का एक पहाड़

एक पहाड़ के पीछे छिपे हैं सात पहाड़
एक की चोटी बिल्कुल दूसरे से सटी हुई
पुरुष व्यक्तित्व में छिपी हुई स्त्री की तरह

पीछे तीन और शिखर
जवान कमाऊ पूतों की तरह घर से काफ़ी दूर

कंधों के पीछे दिखती हैं दो और चोटियाँ सटी हुईं
अनब्याही लड़कियों जैसी

एक पहाड़ के सात पहाड़ बनाते हैं एक के सात आसमान
सात पहाड़ों के पास रहता है चौदह पीठों वाला आसमान

सात पहाड़ों के चौदह पीठासीन आसमानों में
सात जन्मों से मेरी आत्मा आग की तरह जल रही है
पास से उठते हुए कोहरे
और दूर से आती हुई आवाज़ के बीच
चौदह घाटियों में मेरी आत्मा नदियों की तरह उमड़ रही है

सात जन्मों से सात पहाड़ मेरा पीछा कर रहे हैं
सात समुद्र पार से आती है सात पहाड़ों से बने एक पहाड़ की याद
सात पहाड़ों की सात नदियाँ पार करनी हैं
सात पहाड़ों की चढ़ाई और सात पहाड़ों के उतार लेकर
हमेशा सामने एक पहाड़ खड़ा है

सुविधा का पहाड़। दुविधा का पहाड़
जो है वह किसी न किसी विधा का पहाड़ है
पहाड़ की विधा पहाड़ होने में मैदान की सु-विधा मैदान होने में

पहाड़ पार करने की दुविधा के सामने
फिर एक हिम्मत का छोटा-सा पहाड़
खड़ा हो जाता है हमेशा
बड़े पहाड़ के सामने आदमी की तरह।

सूर्यमुखी

पृथ्वी पर खिले सूर्यमुखी
सूरज की ओर झुके रहते हैं
मगर सूरज को रोक नहीं पाते
सूरज उन्हें भी एक दिन पका देता है और सुखा देता है

कोई वनस्पति नहीं, कोई फूल नहीं
जो सूरज की शोषक किरणों से
आन्दोलित और प्रफुल्लित न होता हो
रात-भर सूर्य की जुगाली न करता हो

परिवेश और परागण के बीच
बेफ़िक्री और निडरता फैलाकर
कोई नहीं जो मुरझाने तक मुस्कुराता न हो
पहाड़ हो या मैदान
प्रकृति के महादान निरन्तर जारी हैं

जड़ों से टुक्कू[1] तक
छोटों से बड़ों तक
फूलों से काँटों तक
सब में गूँज रहा है सूर्य का समूहगान

---

1. टुक्कू : फुनगी

कुछ तो दिन-भर प्रणाम और सलाम में झुके रहते हैं
पर सूर्यमुखी हैं जो ताकते रहते हैं केवल सूरज का मुँह

एक ही जगह रहकर सूर्य की दिशा ताकना
सिर्फ़ ताकने से ही नहीं नापा जा सकता आसमान।

कोई पत्ता टूटता है

बाहर जब कोई पत्ता टूटता है पूरी उम्र का पत्ता
न शोर उठता है न रुदन

विदाई की शान्ति के कुछ दिनों बाद
अपने ही किसी सुख की याद में
नए पैरहन का प्रफुल्लित रस लेकर
वही पेड़ भीतर से उल्लसित हो उठता है

अन्तरिक्ष में झाड़ू लगाकर अंधड़
परिपक्व बीजों को बोने वाले
किसान हवा में बदल जाते हैं

दिखती-अदिखती चीज़ों को बदलती ऋतुएँ
इसी धरती पर उसी जगह रहने-सहने की हिम्मत जुटाकर
हर साल लौटने वाले मुसाफिरों की तरह आ जाती हैं।

मुझे थोड़ा बड़ा होना है

उच्चाशय के हों चाहे निम्नाशय के
रंगीन भी गंदे-सन्दे होते हैं
महत्त्वपूर्ण शब्द भी ऊट-पटाँग हो सकते हैं
लिखित शब्द काली स्याही की रोशनी में
ज़्यादा चमकते हैं
अगर आँखों से न आ रहे हों शब्द
कानों से आ रहे हों
अर्थ का कोई रंग, मुँह का कोई स्वाद
कर्म की कोई कठिनाई ला रहे हों
रंग की ध्वनि और ध्वनि के रंग को
अलग-अलग बतला रहे हों

तब अनुभूति के काग़ज़ के लिए स्याही
कम पड़ जाती है
नए कर्मों के लिए शब्दों की उगाही करते हुए
पृथ्वी छोटी पड़ जाती है

मुझे थोड़ा बड़ा होना है
पृथ्वी के साथ अगला पृष्ठ आकाश का जोड़कर।

भविष्य की ओर

बाहर मैं निकल आया हूँ
फोड़े में ही भरा हुआ है फोड़े का दर्द
अन्तःकरण का भी बाहर एक और अन्तरिक्ष है
जिसमें निकल आया हूँ
अपने सहित बहुत दूर

मेरे साथ मेरा दर्द है और मेरी मृत्यु
दोनों का साथ निभाना है मुझे

भीतर जितना पड़ा था उससे कहीं ज़्यादा बाहर
खड़ा हूँ मैं
पिटा हुआ मार खाया हुआ
मेरे साथ खड़ा है मेरा अन्तर्बाह्य
भाषाओं से ही नहीं आशाओं से भी नापो मुझे
कितने अनिश्चय में हूँ मैं
जिसका बार-बार अन्त होना है किसी निश्चय में

मेरे साथ यादें हैं तो समझो अतीत है
अतीत है तो समझो इतिहास है
बाहर आने दो अपने सारे काम
वर्तमान से भविष्य की ओर निकल आया हूँ मैं

एक डग भीतर जाने के लिए
सौ डग बाहर आना पड़ता है

तुकबन्दी करूँ तो कर सकता हूँ
ठीक से खड़ा होने के लिए कई बार लड़खड़ाना
पड़ता है।

इच्छाएँ

इच्छाएँ ख़त्म न होकर बदल जाती हैं
जगहों की तरह
कभी बनी रहती हैं वहीं के वहीं
कभी कहीं के कहीं भी
थोड़ी वैसी और बहुत कुछ वैसी नहीं भी
कई इच्छाओं की जगह बनी रहेगी
मुझ से लेकर दूसरों के पास तक
इच्छाएँ महान हैं
क्योंकि उनकी कोई न कोई अलभ्य जगह
कहीं न कहीं बनी रहनी है
अपनी वजह के साथ
हर चीज़ में किसी न किसी चीज़ के हाथ की तरह
कुछ जगहों को बदलने में किसी न किसी इच्छा का हाथ है
दिमाग़ निकालता है रास्ता पर चलते उस पर पैर हैं
इसीलिए हाथ माथे को पूजते और चूमते हैं
तभी तो दिमाग़ कुछ रास्तों से
सिर पर पैर रखकर भागने के लिए कहता है।

छाया देखकर

अपनी छाया देखकर महसूस हुआ
इस छाया का अंग मैं हूँ

मेरा और दूसरे का विचार अगर मिलता है
तो समझो इस तरह किसी के संग हूँ मैं

कोई चीज़ किसी से ढकी दबी रहती है
इस तरह शायद आधार का निर्माण हुआ हो
या कि होता हो
मगर सबको बाहर की आज़ादी मिलनी चाहिए
नहीं लगना चाहिए दबे हुए का मुँह तोपा हुआ
विचार भी थोपा हुआ नहीं लगना चाहिए
किसी हद तक उसी दबे-ढके की अभिव्यक्ति
वसंत की है
और इन्हीं जगहों पर उसी अन्तरतम से आया था
पतझर भी।

प्यार का फसलाना[1]

सुख कोई अँधेरे रास्ते पर भरी हुई पानी की बाल्टी नहीं
जो ठोकर खाते ही बह जाए चारों ओर
अगर बहेगा भी तो इस सुख में से हाथ क्या आएगा?
सुख और सुरक्षा तभी तक है
जब तक त्वचा ढकी नसों में रक्त का प्रवाह है
हृदय रुधिर बनाने में चतुर
दिमाग़ साँस लेने में निपुण
इहलौकिकता को चाहिए
निर्दोष और सम्पूर्ण दैहिकता में प्रेम का बीज गणित
तभी मिलेगा ज़िन्दगी को प्यार का फसलाना।

1. फसलाना : फ़सल पर टैक्स या मज़दूरी के रूप में दिया जाने वाला अन्न।

पहाड़ों के पहाड़

हरे सेब लाल-पीले हुए ग़ुस्से से नहीं मिठास से
और उतर आए मैदानी शहरों में पहाड़ी छोकरों से
झलक माँओं की धमक पिताओं की
कुछ चोट खाए सपने दादियों के
कुछ बचपन से ही कठोर पड़ गए हैं
बहुत ओले झेल चुके दादाओं जैसे

सीजन ख़त्म हुआ
छँटे सेब बिक जाते हैं
छूटे फिंक जाते हैं
लड़के भी कई घरों में कई दुकानों में लग जाते हैं
वहीं के वहीं बूढ़े और दाग़दार हो जाते हैं
पहाड़ों से आए सेब जैसे कभी के लाल-पीले छोकरे
गुफाओं जैसे टोकरे भर-भर
पहाड़ों जैसे पहाड़ों के क़िस्से सुनाते हुए।

दबकर उठा हुआ स्तर

फुटबाल और क्रिकेट के मैदानों की उपमा छोड़कर
खेल के मैदान जितनी ज़मीन कहकर ही काम चला रहा हूँ
पहाड़ों पर पाए जानेवाले दुर्लभ समतलों के लिए

पैरों से चढ़ो या आँखों से फिसलती चढ़ाई के बाद
ऊँचे मँडराते नीले गरुड़ की चोंच में
रोटी के टुकड़े-सा फँसा दीख पड़ता है
अचानक पहाड़ पर कोई चौरस टुकड़ा ज़मीन का
तीखे ढाल
तीखे सौड़। आँखों में बसाए
चला आया समुद्र किनारे
एक देवी के नाम से बसे हुए शहर में

बरसों बाद लौटा तो दिखा जगह-जगह
पहाड़ का फटा हुआ अन्तर्मन भूस्खलन
पत्थरों से दबे पड़े थे जीभ जैसे
बाहर निकले हुए असम्भव समतल
जिसका ऊबड़-खाबड़ यथार्थ—
सैकड़ों को बिठाने लायक दिख रहा था अब भी

उसके बाद एक दशक बाद लौटा
दुनिया-भर की धूल मिट्टी ओढ़े पत्थर ऐसे बैठे थे
जैसे सृष्टि के प्रारम्भ से ऐसे ही बैठे हों
जिनके नीचे हथेली जैसा दबा हुआ था भूतपूर्व समतल टुकड़ा
बिना चीं किये हुए

एक दिन ऊबड़-खाबड़ पत्थरों की सतह पर
घास का हरा चौड़ा जाजम उभर कर आ रहा था
कई कष्टदायक अनुभवों की सिकुड़नें खींचता हुआ
जैसे भीतरी आनन्द की कोई बाहरी अभिव्यक्ति हो

जाने कितनी अज्ञात पर्तों से बनी है
और भी ऊपर उठने को तत्पर दिखती यह धरती
जिसके हर उत्थान के नीचे
जाने कितने पाषाणी स्खलन सोये हैं
पहाड़ बनकर
मुम्बा देवी की जनबहुल मुम्बैया चालों और
खोलियों की तिमंज़ली खचा-खच खाटें याद आईं मुझे
आलुओं जैसे भरे लोगों के
साबूदाना सपनों के साथ
पहाड़ों से समुद्रों तक जीवन-स्तर को ऊपर उठाने का
यह कूट सन्देश
दाँतों के नीचे आई जीभों और मलबे में दबी
हथेलियों का आत्मकथ्य लगता है
पहाड़ों पर समतल मैदानों का दब जाना।

उत्तरकाशी का वह मैदान

जो एक कोने से रामलीला मैदान हुआ करता था
बाक़ी चारों ओर से फुटबॉल का मैदान
वह अब दूसरे कोने से बस अड्डा
और तीसरे कोने से सब्जी मंडी हो गया है

उत्तरकाशी में पहाड़ों के बीच का वह दुर्लभ समतल
रामलीला के सारे बन्दर बच्चे
वहाँ फुटबॉल खेलते हुए बड़े हुए थे
ताज्जुब कि एक कोने पर अब भी कुछ बच्चे
क्रिकेट खेलने की जगह निकाले हुए हैं

मैं ख़ुद को याद कर रहा हूँ यहाँ दौड़ते हुए
बाईस लड़कों के बीच हवा भरी उड़ती गेंद के साथ
तब की मेरी किक की हुई गेंद
उस समय के किनारे खड़े डेढ़-दो सौ लोगों के बीच
आ गिरेगी धड़ाम से
और उसी क्षण हवा की तरह फड़फड़ाते
बाईस लड़कों की धमक से

यह सारा अतिक्रमण मुक्त हो जाएगा
और उन्हीं तालियों से गूँज उठेगा यह पूरा मैदान
लेकिन इस समय उस खेल से ही नहीं
उस मैदान से भी
मैं शहर के बाहर की ओर जा रहा हूँ

जहाँ अधबने स्टेडियम में मेरे बच्चों के बच्चे
फुटबॉल खेलने गए हुए हैं

मैं अपने पोते-पोतियों को कभी यह नहीं बताऊँगा
कि मेरे पिता दौड़कर झल्लाने और डाँटने के अलावा
कोई खेल नहीं जानते थे
जबकि मेरे बच्चे मुझ से ज़्यादा खेल जानते हैं
वे जब मुझ से झूठे वादे करते हैं
जान जाता हूँ कि कितने कुशल खिलाड़ी हैं वे
उनका रिश्ता अगर मुझ से छिट-पुट झूठ बोलने का है
तो मेरा रिश्ता भी उनसे
उस झूठ को सच बनवाने का है

खेल के हों या युद्ध के, मैदान किसी को नहीं पहचानते
इन मैदानों को खेलनेवाले और लड़नेवाले ही
पहचानते हैं
मैंने अतीत में इस मैदान को कई बार जीता है
या इस मैदान में कई बार हारा-जीता हूँ मैं
बिना रक्त बहाये अपने पसीने से
मैंने यहाँ हारने जीतनेवाले बहादुरों को
एक गोल की एवज़ में बाईस-तेईस चाय पिलाई हैं

इस मैदान के रामलीला स्टेज पर
बिना एक भी डायलॉग बोले
सीता का पाठ निभाया है मैंने।

अपने-अपने बाघ

जवान होती लड़की को और जवान होते लड़के को
बाघ उठा ले गया अँधेरे में। एक दूसरे का बाघ
दोनों के सिर पर बहुत दिनों से आत्मविश्वास के उल्लू मँडरा रहे थे
चौगुनी चौकन्नी आँखोंवाले, लाल नीले, झबरीले

रात्रिचर दुर्लभ उल्लू
जो अँधेरे में ही देख पाते थे आईने के बिना भी
लज्जा से लाल, दुःख से साँवले
और अनचखे स्वाद के सुख से विभोर अपने सुनहले मुख

कोई नहीं कहता उनके भागने को प्रेम में भागना
कोई उस नरभक्षी का नाम नहीं लेना चाहता
जिसे प्रेम कहते हैं
जिनकी शब्दावली ज़्यादा सामाजिक है वे इज़्ज़त पर
हमला कहते हैं उसे

एक पेशेवर पंच ने कहा—प्रेम तो भाईचारा था
जो उन्होंने तोड़ दिया। यह तो शुद्ध बदमाशी हुई

उम्र के साथ सबके भीतर अपने-अपने बाघ पैदा हो जाते हैं
दिली झपट्टों के बीच वे किसी को भी जंगल में उतार देते हैं
शोर में फँसे नागरिक एकान्त के जंगल में
कोई नहीं सुन पाता उनका गर्जन

किसी के भीतर का बाघ पता नहीं किसके भीतर के बाघ को
किसी अदृश्य संकेत से कहाँ ले जाकर मारता-पुकारता है

बड़े पहाड़ के पीछे छोटे पहाड़ के बग़ल में
जो और बड़ा पहाड़ तिरछा होकर खड़ा है
जिस पर पूरे गाँव से छिटके दो घर अलग से दिखते हैं
एक गाँव के ऊपर, एक गाँव के नीचे
इस बार उन दो घरों से निकली है
दो बाघों की दहाड़ को दबोचती युवा प्रेम की नदी

घोर अँधेरे में एक जोड़ा
शरमाये-गरमाये उल्लुओं ने
नदी पार के पहाड़ों को लाँघा
पहली बार कहीं पहुँचकर कल दोपहर
वे बस पकड़ पाएँगे
शायद परसों शाम कहीं जाकर बैठ पाएँगे रेल में
अँधेरा पाख पार करते ही
स्वाधीनता के शहद में लिपटा चाँद दिखा उन्हें

आधी रात से कुछ पहले जो दे पाया उनका साथ
दूसरा पाख पार करने में काम आएगी चाँदनी

उन्हें शाम से ही ज़रूरत थी उस बारहसींगे की
जो भले ही चाँद पर विचरता हो
पर बाघ से न डरता हो
और जो बर्फ़ में सिहरती पीठ से धूप को न गिरने दे
और पीछे जिस रात निकले वे
उस रात की कहाँ सुबह होने को हो
रात में छोड़े हुए गाँव का भी सबेरा हुआ है
सुबह के उजाले में फैल गया एक वाक्य

एक लड़के एक लड़की को
रात को उठा ले गया है बाघ
इतना नरभक्षी था प्रेम उस गाँव में

और उसी दिन से उन्हें मरा हुआ मान लिया गया
बहुत पीछे छूट गए गाँव में
उधर अपनी डरी हुई आज़ादी में भागते हुए
वे हर क्षण अपनी समस्याओं में नया जन्म ले रहे हैं

इस बीच कहीं अपने-अपने मौन में
दो माँओं ने प्रार्थना की—
हे भगवान, उनके भीतर के दो बाघ
दो इंसानों की तरह एक साथ रहें ताउम्र।

तब पता नहीं था

वक़्त और समय भी थे काल की चपेट में
तब भी अपने को अभिव्यक्त करना चाहते थे हम

समय और प्रेम की आपसदारी जानते हुए भी
जब सबकुछ, सबकुछ की चपेट में था
तब भी हम ख़ुद को व्यक्त करने के संघर्ष से गुज़र रहे थे

सपाट और उद्विग्न समय के हम हमेशा रहनेवाले रहे
बस कह नहीं पाए पर हम कहनेवाले रहे

बिना पहिए के पैदल रास्तेवाला प्रेम था हमारा
कभी सीमित भूखे, कभी सीमित तृप्त
जहाँ बसेरा बना लेते डेरा बन जाता था

तब पता नहीं था कि एक दिन हमारी इच्छाएँ
शादी के रजिस्ट्रार और आवास-विकास आयुक्त में
बदल जाएँगी

समय जैसा समय रोज गँवाते हुए
निरर्थकता की सार्थकताएँ ढूँढ़ते हुए
समाज कल्याण तक पहुँचते-पहुँचते
ज़िन्दगी की छलाँगें आग की लपटों जैसी याद आती हैं

पत्थरों ने हथियार बनकर हमारे लिए
जानवरों और पेड़ों का शिकार किया

मालूम नहीं था कि इस कारीगरी के बल पर
एक दिन हम किसी फैक्ट्री के दरवाज़े पर खड़े होंगे

हिरना गाड़ी हो या बैलगाड़ी
भैंसा गाड़ी हो या कुत्ता गाड़ी
हर गाड़ी को घोड़ा शक्ति तक लाने के लिए
हमें नहीं था पता कि हम कार के कारख़ानों और
रिज़र्व बैंक की ओर तीर छोड़ रहे हैं

गति, मति और हुनर ने हमारी बहुत धुनाई की है
हमें नहीं पता था कि हम कोड़ों को इंजेक्शन में
घोड़ों को इंजिन में और पहियों को टायर में
बदलने के कगार पर पहुँचेंगे

ऋतुओं और मौसमों में समय परिक्रमा करता हुआ लगता है
जबकि पुराना समय बताते हैं नक्षत्रों को भी पार कर चुका है
मछलियों और मक्खियों को मारते हुए हमें नहीं पता था
कि एक दिन हम समुद्रों और आसमानों को पार कर चुकेंगे
हमें नहीं पता अभी हम में कितनी छलाँगें बाक़ी हैं
अचानक से भी ज़्यादा जल्दी छलाँगता आ जाता है भीतर का बाघ
अभिव्यक्ति में ख़ुशी का भी हिरन की तरह शिकार करना पड़ता है।

घास के पूले

अचरज हुआ घास के पूलों को चलता देखकर
पूले पर पूले
छह फुट से भी ऊँचे थे पुलिंदों के सिर
मजाल कि कोई उन्हें छू ले

इस तरह ऊँचे पुलिंदों की कतारें जा रही थीं
गाँवों की ओर
जैसे घास की मीनारें ख़ुद चलकर जा रही हों
जानवरों की नाँद तक

औरतों के दो पैर लेकर चल रहे हैं घास के धड़
घास के सिर
न कमर। न गर्दन। न पिछवाड़ा
इतने थिर-सिर छहफुटे गट्ठरों के
पार कर रहे हैं पहाड़ की धार

कभी उन दो पैरोंवाली पीठों पर
लकड़ी के बोझ आ जाते, कभी पराल के भारे
कभी घराट ले जाए जाते गेहूँ के बोरे

घिसे हुए तलवे और घिसी हुई मैली एड़ियों सहित
दो पैर स्त्री के दिख जाते हैं बार-बार

पुराने जूतों जैसे घिसे इन पैरों के सिर पर
जेठ की दोपहरियों में

कभी पानी भरे पीतल के बंटे चढ़ जाते हैं

घास के भारे। लकड़ी के गट्ठर
सिर पर बंटा और ज़िन्दगी का बंटाढार
बासठ वर्षों से लगातार।

कौन कितनी देर...

भूखे बाघ के सुन्दर सपने झाड़ियों में छिपे हैं हिरनों की तरह
ख़रगोश की तरह चंचल और सुन्दर विचार रोज़ मारे जाते हैं कवियों के

दुबके हुए बाघ को कैमरे ने दिखाया तो वह भी सुन्दर है
सारे हिंस्त्र जानवर सुन्दर और ताक़तवर हैं
पर जो मारे जाते हैं वे सबसे ज़्यादा सुन्दर
और सबसे ज़्यादा कमज़ोर होते हैं
सुन्दर हमेशा इतना कमज़ोर
और ताक़तवर हमेशा इतना सुन्दर क्यों होता जाता है

जीवन और मृत्यु के बीच चिल-बिल फूल खिले हैं झाड़ी पर
झाड़ियों से बाहर आ जाते हैं कभी-कभी सुन्दर सपने
जैसे दुबके हुए चंचल विचार अपनी मज़बूती पाने के लिए बाहर आ जाते हों
नक्षत्रों-भरी चाँदनी रात में
सुन्दर और कमज़ोर का सपना कहता है कि जीवन को निर्भय करो
ताक़तवर सुन्दर का सपना कहता है कि सारा कमज़ोर संसार मेरे लिए है
तुम अपने सौंदर्य को चाहे जितने फुर्तीले पंखों में बदल दो
तुम्हारी उड़ान को अपनी उछाल में दबोच लेगी मेरी सुन्दर ताक़त

सुन्दर और कमज़ोर और मासूम हिरनों के बीच
उनकी अपनी ताक़त भी सुन्दर लगती है
उनका साहस सुन्दर लगत। है भूखे
और सुन्दर बाघ के सामने से भाग खड़े होने का
सुन्दर और भूखी ताक़त के सामने से अपनी असम्भव छलाँगों सहित

पूरा दृश्य ख़रगोश की तरह सुरक्षा के लिए दौड़ रहा होता है
छलाँग अगर ऊँची कम और लम्बी ज़्यादा हो तो ख़रगोश बच सकता है

मन में जो एक झाड़ी है डर की उस पर खिल उठते हैं ढेर सारे फूल
अब मौत की ओर क्या जाना, फूल ही बहुत हैं अपनी नश्वरता से डराने को
निडर होने का कष्ट तो फूलों को ही उठाना पड़ेगा
उन्हें ही आना पड़ेगा जीवन की ओर निर्भयता फैलाने
हिंसक की हिंसा का, शिकारी और शिकार का सौंदर्य अन्त में ही परखा जाता है
सुन्दर फुर्तीले और चंचल विचारों की उजली अँधेरी छाया में
कौन कितनी देर अपने भय को लड़ा पाता है दूसरे के मायावी भय से।

कविता का अमर फल

नए विषयों की उद्भावना के लिए किसी भी रचनाकार को हमेशा खुले मन और खुले दिमाग़ से संसार की हर चीज़ से मिलना चाहिए। सांसारिक यथार्थ और लौकिक परमार्थ के बिना कोई कवि नहीं हो सकता।

मैंने अपनी आत्मा को दुनिया की आत्मा का हिस्सा बनाने के लिए अपने वास्ते कविता को चुना है। शुरू से ही सोचता रहा हूँ कि हर चीज़ मुझे इस तरह फाँस ले कि मेरी आँखों से देखे और मेरी साँसों में साँस ले। मेरी कविता तदाकार और तादात्म्य की कविता है। शब्दों के शोर में भाषा के उद्दंड खिलवाड़ के बीच भी मैं किसी तल्लीन शब्द की ढूँढ़ में हूँ, जो मेरी कविता में खोए हुए बच्चे की तरह अचानक दिख जाए।

ऑक्तावियो पाज ने कहा है कि प्रत्येक पाठक एक दूसरा कवि है। इस अपने दूसरे प्रिय कवि (अर्थात् पाठक) को रघुवीर सहाय ने अपनी रचनाओं का परिचय यह कहकर दिया था, 'प्रिय पाठक! ये मेरे बच्चे हैं। कोई प्रतीक नहीं।' मैं इस समय बस इतना कहना चाहता हूँ कि मैंने अपने प्रिय पाठक (जो कि दूसरा कवि भी है) के भीतर कविता के लिए एक नई माँग पैदा करने के लिए कविताएँ लिखी हैं। पाठकों की माँग पर मैंने कभी कविता नहीं लिखी।

अपने समय को अपना समय न समझकर, किसी आनेवाले समय को अपना समझने के इन्तज़ार में हम इस सदी को पार कर रहे हैं। लगता है कि सिद्धान्तों ने, तर्कों ने और विचारों ने लगभग हमारा साथ छोड़ दिया है। लगता है, हमने पूँजी की ताक़त को ही सबसे बड़ी नैतिक शक्ति भी मान लिया है। मनुष्य को एक संसाधन मानने के अलावा हमने सामाजिक ज्ञान का कोई नया प्रयोग नहीं किया। ऐसे समय में हमें सबसे ज़्यादा ज़रूरत है सही शब्दों की। कविता जिन शब्दों को अपने लिए चुनती और रचती है, वे ही हमारे समय के प्रतिनिधि शब्द हो जाते हैं। भाषिक अभिव्यक्ति का रूप-रस कविता द्वारा ही बचाया जा सकता है। कवियों को चाहिए कि वे आज की कविता में मानवीय अभिव्यक्ति का नया रूप-रस तैयार करें, जिससे सदी के अन्त में कविता का एक नया चेहरा अभिव्यक्त हो उठे।

कविता का अमरफल

[इक्कीसवीं सदी में भर्तृहरि को याद करते हुए]

तुम कवि न होते तो राजत्व न छोड़ पाते
एक साधारण वेश्या जितना धन भी
नहीं रखा तुमने अपने पास
वेश्यावृत्ति की तरह तुमने राजत्व छोड़ दिया
पर वेश्या का उपकार हमेशा याद रखा

अपने दिलो-दिमाग़ की ख़लल के साथ
तुमने ख़ुद को राज्य से ख़ारिज कर दिया
आत्मनिर्वासन घोषित कर तुमने ख़ुद को
निष्कासित कर दिया

पत्नी और पत्नी के प्रेमियों को माफ़ करते हुए
घोड़ों के उस सईस को भी दंड नहीं दिया
जो रानी और वेश्या के लिए एक-जैसा उपकरण था
जो रानी और वेश्या में फ़र्क़ नहीं समझता था

जिसके बारे में रानी पिंगला सोचती थी
कि ऐसों को सदेह-सलिंग अमर रहना चाहिए

तुमने राजत्व छोड़ा, दुनिया नहीं छोड़ी
कविता से सम्बन्ध नहीं तोड़ा
पत्नी को माँ कहकर दो चीज़ें माँगी
—भिक्षा और विदा

तब से अयाचित अनुभवों की भिक्षा से भरी रही तुम्हारी झोली
श्रृंगार के कवि से तुम न्याय के कवि बने
योगी और वेश्याओं के मन्मथ का फल खाकर
तुम वैराग्य के कवि बने

हे अनुरक्त! हे न्यायप्रिय! हे विरक्त कवि
शक्तिशाली रक्त और अपूर्व वीर्य के धनी
बुद्ध की तरह तुम भी पहले एक ऊर्ध्वरेता गृहस्थ थे

बेटे को बाधा कहकर 'राहुल' नाम देना
कितना कठिन रहा होगा
सोचता हूँ बुद्ध की अगर बेटी हुई होती
तो क्या नाम देते बुद्ध?

श्रृंगार से वैराग्य तक तुम ढूँढ़ते रहे जीवन में जीवन का न्याय
तुमने व्याकरण में भी और कविता में भी न्याय किया
तुमने पाणिनि को भी सरल और दुरुस्त किया
वाक्यपदीयम् के महावाक्यकार
न्याय ही तुम्हें वैराग्य तक ले गया

तुमने बताया कि हिमतपे योगी भी स्त्री संसर्ग की कामना करते हैं
वेश्याओं तक को समर्पित करने आते हैं वे
कठोर तपस्या का अमरफल

तुम्हारी न्यायप्रियता से ही दिखाई दिया हमें
गणिका का भी बौद्धिक गणतंत्र
जिसने न ख़ुद खाया न योगी को खाने दिया वह अमरफल

वेश्या को भी राजा से नहीं राजा के भीतर रहनेवाले कवि से प्रेम था
गणिका, ख़ुद के हिस्से का अमरफल कवि को देती है
जो अपने समय के तंत्र में करुणा और न्याय का राजा भी है

तपस्वी की समस्त तपस्या से पाया हुआ
वेश्या तक का ठुकराया हुआ अमरफल

भर्तृहरि दुनिया में अपनी सुन्दर पत्नी को भेंट करता है
कवि चाहता है प्रेम का आधार अमर रहे
फिर एक दिन। फिर वही एक सुन्दर और धनी वेश्या
फिर उसी राजा को।
फिर वही अमरफल लाकर भेंट करती है
इसी तरह भटके हुए अमरफलों का
कुछ गुणी वेश्याओं के द्वारा उद्धार होता रहा है
कविता के अमरफल हर युग में भटकते रहते हैं कवियों के बिना

अबकी बार तपस्वी ने नहीं
राजा की घुड़साल के सईस ने यह अमरफल
उस गुणी गणिका को भेंट किया
यह ऐसी घड़ी थी
जब योगी और घुड़साल के सईस में
कोई फ़र्क़ नहीं रह गया था

कोचवान लोग वेश्या को
एक अटूट सवारी की तरह अमर देखना चाहते हैं

जिसमें कवि पति के अलावा
पत्नी को कोई नहीं करना चाहता अमर

इस फल के पीछे का तपोबल
न सईस जानता है न रानी
सिर्फ़ प्रेम जानता है एक-दूसरे का अमरत्व

देह के पत्थर-जैसे बल और सौंदर्य के बोझ को
कोचवान अमर करना चाहता है
पहलवान सईस कामुकता को अमर देखना चाहता है

मगर वेश्या, इस शरीर में अमर नहीं होना चाहती
वह कवियों की सूक्तियों में ढूँढ़ती है

कोई अमर अलंकार

वह शब्द और विचार को मोतियों की तरह गूँथती है
ऐसे समय में योगी के बाद रानी के प्रियतम सईस ने
उसी बाज़ार में सर्वगम्या सुन्दरतम स्त्री को भेंट किया
वह अद्‌भुत अमरफल

ताकि काम और कामना दोनों अमर हों
मगर वेश्या को इसी शरीर में अमर नहीं होना चाहती
शायद सुहागिनें चाहती हैं कि पति अमर हो,
दाम्पत्य अमर हो
भाषा की तरह वह सर्वगम्या,
सर्वकाम्या स्त्री चाहती है
कि कविता के अमरफल वाला कवि अमर हो

पर अमरफल क्या चाहता है?

अमरफल चाहता है कि कविता फिर किसी फल का
बीज बनकर अमर हो
जो बीज बार-बार कवियों को बोधिवृक्ष के नीचे ले जाए
और योगियों को बुद्ध बनाकर वापस ले आए
इंद्रियाँ, समूह पत्नियों की तरह उनका हार्दिक साथ दें

इस तरह अनुभव का योग और
अनुभूति का सर्वगम्य संयोग होता रहे
धन्य हैं वे कवि जिन्हें गणिकाएँ भी
अमरफल के योग्य समझती हैं।

खेल में

एक लड़की पुलिस बनी है, एक लड़का चोर
वह उसे पकड़ती है, पीटती-घसीटती ले जाती है
खेल में दारोग़ा बनी दूसरी लड़की के पास

चोर बना लड़का प्रतिकार नहीं कर रहा
जैसे जानता हो कि पकड़े जाने पर एक चोर को
अन्य की चोरियाँ भी क़बूलनी पड़ती हैं
और ऐसे में कम मार ही न्याय लगने लगती है
अलग-अलग नामों और परिस्थितियों के बावजूद
सारी चोरियाँ चोरों ने की हुई होती हैं
इसलिए भाईचारा और समाजदारी का भाव
शोध का विषय बन जाता है
कि बच्चों तक में चला गया है
चोर और पुलिसिया तिकड़मों का ज्ञान...

लड़की पुलिस ने इस तरह बहुत सारे लड़के पकड़ लिये
दारोग़ा लड़की ने स्त्री-विमर्श के तहत
बुरी तरह फँसा दिए हैं सारे लौंडे
चोर-व्यवस्था में कमाई भर उत्कर्ष का पैमाना छलक रहा है
वैध और अवैध कमाई का फ़र्क़ मिटाते हुए
इधर कभी उधर सक्रिय दिखती है पुलिस
वरिष्ठों के खेल प्रतिबिम्ब-जैसे बच्चों के इस खेल को
क्या नाम दिया जाए?

मगर उससे पहले निवेदन है
कि आर्थिक तनाव और लैंगिक भेदभाव के नाम पर
खेल-खेल में निपटारे की ख़ानापूर्ति करते हुए
इस बिम्ब को स्त्रियों के प्रति
अन्याय कहकर न टाल दिया जाए।

समय-असमय

समय-असमय अँधेरे-उजाले
अस्तों-उदयों से भरे हुए
शाम का डूबना भी उबार लाया सुबहों को
इतना निर्भय कि शाम भले ही हो डूबना नहीं होना है
हज़ारों साल पुराने हिमपात का जल
एक सिलसिला बहता आया है नदियों से समुद्रों तक
अन्तस्थल तक डूब जाते हैं किनारे
बढ़ जाते हैं दिन और कालरात्रियाँ
समय के रास्ते रोज़ बदलते हैं अपने सिलसिले
उजाले में पतिंगे उड़ते हैं, शान्त अँधेरे में जुगनू
बासी में पहली ताजगी बह जाती है इतिहास की

पानी जितने पुराने शहर में
प्यास के थैलों जैसे बादल उठ रहे होते हैं
खूँटों के बावजूद वक़्त नावों का डाँवाडोल
लहरों जितना भागता हुआ
ख़्वाबों के खारेपन से छन-छनकर आ रही होती है
मिठास
दुनिया का गला सूख जाता है
रोज़-रोज़ बनने और मिटने में

समुद्रों के बीच छतनार पेड़-सी फैली है पृथ्वी
आसमान झुककर छूता है इसे
जितना पानी उड़ता है इस पर बैठकर
समय भी उड़ता है

समय पर पानी-फंदा शिखरों पर बर्फ़ बन जाता है
पानी में समय की तिप-तिप सुनाई देती है
जीवन की दिप-दिप लौ जैसी।
बर्फ़ के समय के साथ जीवन के समय का भी हिमालय है यह।

ठहरे नहीं मुड़कर देख रहे हैं

ढेर सारे समकाल के आरे के नीचे से निकलकर
साधे हुए दम
उद्गम के आगे बह चुके धारे तले चले आए हैं
अपने बचने के प्रवाह में हम
यहीं ढूँढ़ता हुआ आ पहुँचा है महाकाल
कहता हुआ लेफ्ट-राइट, लेफ्ट-राइट और थम

रिस-रिस कर इकट्ठा हो रहा है
टीसते हुए समय का छंद
द्वंद्व पुलों को तोड़ता बनाता आ रहा है जहाँ

मझधार में आधा दिन, आधी रात
अरुण धूप, अरूप हवा, अरूप आकाश
जिसे मिल गई नए मनुष्य होने की जात-पाँत सारी
हर उगते तिनके से
चौदिश निकलती पत्तियों की नोक
बनती बूँदों की पृथ्वी पर तारों जैसी झालर
जलोद्गम-सा दिख रहा है समयोद्गम भी
कतारबद्ध जलते सुबह के बल्बों में
अतीत के हिम से आ रही है
मुक्त छंद अटूट जलराशि
पृथ्वी की चमक का प्रत्यावर्तन है समय का उड़ना
नई-नई छवियों के साथ
उन्हीं में से कुछ तस्वीरें आ जाती हैं हाथ
जब किसी चीज़ के गतिमय पंख कुलबुला रहे हों

हवा काटते उड़ने लगते हैं पूरे शरीर से
चूजे

समय और पानी की संधि में
फिर एक परिधि बन रही है
पहली क्रांति के संस्मरण-सी
दूसरी क्रांति में पहुँचकर टूट रहे हैं जिसके वृत्त
लहरों के निजत्व में छिपे हैं
उनकी भूमिका के स्तुति पाठ
तीसरी क्रांति के उजाले-अँधेरे में
चौथी क्रांति के उतार-चढ़ाव आकार ले रहे हैं
गति के माफिक बनाने के लिए
गति के माफिक बनते जा रहे हैं जहाज़ के पंछी
समूह से पूरा करवा रहे हैं सपनों की उड़ान के
स्वतंत्र अभियान
काल की धारा और अपनी कारा को
आकाश में उड़ाते हुए
ठहरे नहीं मुड़कर देख रहे हैं
अपने बनाए, दुस्साहसिक सौंदर्य को
बिना पछतावे की आत्मप्रतीति के साथ
कि अगर थोड़े भी गति के हुए तो समझो
प्रगति के हुए हम।

समुद्र, हिमालय और मेरी बातचीत

मैं देवदार रोपना चाहता था समुद्र के पास
समुद्र ने कहा—मेरे इतने नज़दीक नहीं होना चाहिए हिमालय
अपने साध्य और आराध्य तक जाने का
मेरा आनन्दमार्ग गड़बड़ा जाएगा

हिमालय पहुँचने के लिए
अपनी गहराई से भी ज़्यादा ऊँचाई तक
उठने की शक्ति जुटानी पड़ती है मुझे
फिर सोचा हिमालय के पास रोपूँगा
नारियल वृक्ष
हिमालय ने कहा—नहीं
मनुष्य हाथों चढ़कर आई समुद्र की भेंट भाती है मुझे

मत्स्य पुराण पढ़ता समुद्र ख़ुद कछुवा बनकर
अपनी पीठ पर जहाज़ तैराता है
वह किनारों की मिट्टी में रिस-रिसकर
नारियल उगाकर
क्षीरसागर वाले नारायण की याद दिलाता है
फणिमुख पत्तियों के बीच

हिमालय ने कहा—मुझ में रुद्र को भी आख़िर शिव होना पड़ता है
पहाड़ों के हृदय से छनकर मीठा होने के लिए
पानी को भी कई तांडव करने पड़ते हैं
घास से पेड़ों पर चढ़ी हरियाली को कई लास्य

हिमालय देखते सेबों के चेहरे लाल हो गए हैं
सबसे घनी छाँव वाले अखरोटों पर
पहाड़ी नारियल लदे हुए हैं
अखरोटों तक में भर दिया है पार्वती ने दूध

हिमालय ने कहा—सूर्य किरणों से सिंचता
समुद्र को कितना मीठा बनाने में जुटा हुआ हूँ मैं
समुद्र तटीय नारियल को नारायण के ही घर से
हाथों-हाथ आने दो मुझ तक
समुद्र आता है मेरे पास जब शंख बजता है
पूरा जल-डमरू मध्य आता है
जब डमरू बजता है

समुद्र की भूतपूर्व यादें पहाड़ों को गुद-गुदा देती हैं
त्रिशूल से खड़े हैं पहाड़ों के रोंगटे

समुद्र जहाँ है मुझ से ही होकर गया है
लीलाधर सहित उसके तल में भूधर बनकर मौजूद हूँ मैं
पहाड़ों पर हो चाहे समुद्रों में
मुझे हर मगरमच्छ की भूख मालूम है।

हर आलाप में बँटी हुई आग

आकाश के आईने में दिख रहा है कि पृथ्वी के हर पानी में
डुबकी लगाकर नहा रहा है आकाश
रिक्तता और सन्नाटे की पारदर्शिता में बड़ी जान है

हवाएँ नीली कि शून्यता? या शून्यता और हवाएँ मिलकर
इस नीले वितान की निखालिस पारदर्शिता को ताने हुए हैं
और इस तरह हमारे बीच बना हुआ है
रिक्तता का सबसे पुराना नीला प्रभामंडल
जो साँवला और हरा हो जाने के बावजूद
किसी भी रंग का हो जाता है
पानी-सा बहता हरियाली-सा जम जाता है
सतरंगी पारदर्शी आसमान

अँधेरा अपारदर्शी क्यों जबकि अँधेरा भी एक रंग है
जब अँधेरे मुँह दिगन्त नहाता है तब मिलता है
रास्ते में ब्रह्ममुहूर्त
और अँधेरा उजाले की सम्भावना में बदल जाता है

पानी के पल्लव पेड़ों पर फूट रहे हैं
नदियों की तरह फैली हुई हैं आग की नसें पृथ्वी पर
साँसों की नीली गरम जड़ों को फैलाती
त्रैलोक्य में फैली तुपी है आग
रेशा-रेशा उड़ती भाप ओस बनकर टपक रही है
जैसे चिनगारी कोई घास की नोक पर टँगी हो

हरी-नीली आग और लाल-पीले फाग से भरी हुई पृथ्वी

सूली पर चढ़ी पृथ्वी से वसूली करता है रिक्त आसमान
सूरज की आग भी अपनी बोनी पानी से करती है
सब में फैली हुई है सोने-सी पिघलती
फूलों-सी खिलती खुशबू की लपट जैसी आग
सूरज सबके आलाप में बोता है उसे
मर जाता है जिसमें नहीं बची रहती है वह आग।

पेड़ की बीवी

क्या आपने कभी पेड़ की बीवी देखी?
जबकि पेड़ों के बच्चे तो दिखाई देते हैं
पर कोई पेड़-पेड़ी देखे हैं कभी कर्मकांड निभाते हुए

पुरुष का अपने-आप में आधा स्त्री होना
स्त्री का अपने-आप में आधा पुरुष होना
एकमेक होकर सफल बनाये रहता है
उन्हें भी और हमें भी
पेड़ अपनी सफलता को हमसे ज़्यादा बाँटते हैं
विफलों में

अर्धनारीश्वरों की जंगली त्वचा
और उम्र बताने वाले नसों के घेरे
उत्ताल दिमाग़ के पाताल में छिपे रहते हैं
जहाँ अजन्मे फूलों के बच्चों जैसे चेहरों को
हज़ारों अजन्मी सुकोमल बाँहें
टहनियों जैसे घने आलिंगन में लिए रहती हैं
अपनी उड़ानों के गूँजने को
जब-तब लाखों हवाई चुम्बनों से रँगती हुई

पारिवारिक पारम्परिक हरियाली का छाता ताने
दूर से दिख जाते हैं पंक्तिबद्ध खड़े अकेले-अकेले पेड़

पत्तियों का झाड़ू-पोंछा हवा करती है
मेघलय में मंत्रलय-सी झरती हुई बूँदें

धूप-पानी में पके हुए सन्तरों का बाग़ हो जाती हैं
सीधे हों या आड़े-तिरछे सारे पेड़ नहा जाते हैं
वही हरी बारिश सुनहरी पड़कर अचानक सफ़ेद पड़ जाती है

चौंकता हुआ कोई भूला-बिसरा दूसरा-सा मौसम आ जाता है
खुलते-मुँदते आसमान में

ताप-भाप के
मिले-जुले भभकारे उठने लगते हैं
जैसे पृथ्वी एक कस्तूरी मृग हो
और सूरज उसके नाभे को गरम कर देना चाहता हो

भूतपूर्व पेड़ों से कटे खिड़की दरवाज़ों से रँगे हुए पल्लू
पाँवड़ों पर झुक आई भीगी-धुली धूप को चूम रहे हैं
पुते घरों से टकरा कर
अँधेरे घरों में भी जा रही है शून्य की आभा
ठेंगनी-मेंगनी फलों के अलावा भी
बहुत-सी उपमाओं को उपजाते रहते हैं पेड़
आसमान में उठते तनों से निकलते चौराहे
पंचवटी बन जाते हैं
सुयोग यह कि उनसे न किसी पेड़ का बीवीत्व
अलग हो पाता है
न पतित्व को भोगना पड़ता है कोई वियोग
कई तो इकहरे होते हुए भी दोहरे दायित्वों से भरे रहते हैं
शतानन पेड़

भविष्य के पेड़ बनते उनके बच्चे अलग से दिखते हैं
कभी आसमान में, कभी पृथ्वी पर छलाँग लगाते हुए
आत्मनिर्भर स्वयम्भू दाम्पत्य के साथ

एक पेड़ अकेला भी हमेशा सपरिवार दिखता है
कोई पेड़-पेड़ी देखे हैं कभी जुदा-जुदा
क्या आपने कभी अकेले देखी है किसी पेड़ की बीवी
कर्मकांड निभाते हुए?

जब चाहिए तब नहीं

जब चाहिए तब नहीं आती बारिश
आती भी टल जाती है
पर जब नहीं चाहिए टली-टलाई भी आ जाती है

बारिश का क्या। कहीं भी आ सकती है कभी भी

चट्टानों के धुले-खिले ललाट
अँकुराते देखते हैं दरारों में छिपे भाग्याक्षरों को
सुनहरी झाड़ियों में विधि-लिपि के पन्नों-सी फड़फड़ाती

भाग्य के पहरे पर लठैतों जैसे
अविचल खड़े दिखते हैं पेड़ों के अध्याय

यहाँ कोई किसी का भाग्य चुरा नहीं सकता
हौसले ख़ुद पीले पड़ सकते हैं

जंगलों में बाग़ों में सौंदर्य की उदार घटाएँ
भले ही अचानक टहनियों पर फूट आएँ

धानी धरती के रंग में
पकने को तैयार सेबों पर उठती हैं ताँबई लहरें
जिनसे आँखें मिला रही होती है नारंगी हवा
गुदाज सन्तरों की सुगबुगाहट के साथ
पत्तों पर चमक रही होती है ओस
जैसे कि इस दृश्य की नकद क़ीमत बिखरी हो

ब्रह्मांड के विराट उलटे टँगे गड्ढे में बिजली की गड़गड़ाहट
धरती के गड्ढे भरती छलक रही होती हैं बारिशें
चौंधियाते सोने में नहाने के बाद मिट्टी में नहाती हुईं

आसमान चढ़े पानी की रोशनी में
जंगलों को बुझा रही होती है
ताज़ा राख सड़कों पर चली आती है यह कहकर
कि जिनको शव नहीं कहते उनके भी श्मशान होते हैं

दावानल, जठरानल, बाड़वानल

बिजली की चौंध और बिजली की कड़क जगाती है
अपने भीतर की बारिश को

जले ठूँठ पर पन्ने से अँकुराये पत्ते पर
तिप-तिप पानी मोती-सा टँगा दिखता है

सीले पाखों में बर्फ़ की चुर-मुर सुनता रहता है
जमा हुआ पूर्वज पानी
कमज़ोर से कमज़ोर होकर भी पिघल जाता है

हर ऋतु में बहता रहता है
हरी लहरों जैसे ऊँचे उठे पहाड़ों पर एक धारा पानी का
कहीं न कहीं हर ऋतु में बहता रहता है
पर जब नहीं चाहिए तब टली-टलाई भी
आ जाती है बारिश जमी-जमाई बर्फ़ को पिघलाने के लिए।

मुनाल की उड़ान

शिखरों के बीच की घाटी में
पुल-सा खिंचा जा रहा है इन्द्रधनुष
पहाड़ों की दीवार लाँघता हुआ
धूप-पानी में चमकती उड़ रही है
पाँच-छह रंगों वाले मुनाल की उड़ान
हल्के सुनहरे से ढकी हल्की नीली-पीली उड़ान
काले और हरे के बीच फैली गुलाबी रंगत लिए हुए

दो पहाड़ों के बीच की हवा में
छिटका है इन्द्रधनुष
पूरब से पश्चिम की ओर जिसे उड़ा ले जा रहा है मुनाल
हवा में आग की लकीर-सा
छूट रहा है देह का तीर
इन्द्रधनुष से छूटे हुए अग्नि बाण सी
लग रही है मुनाल की उड़ान।

फ़ोटो से बाहर एक कविता

आज मैं कैमरे सहित मरते-मरते बचा
अपने मरने का फ़ोटो भी न ले पाता मैं
जीने के लिए बच पाना ही जैसे मेरे नश्वर संघर्ष का
दार्शनिक पक्ष हो

अपने को भुलाकर दूसरों के जीवन में झाँकता रहा हूँ बहुत
कहीं नहीं मिला अधिकतम सुख का इतिहास
सिवा इसके कि यार बस बच गए

ख़ुद को देखता हूँ अधूरे दुख की थोड़ी-सी ख़ुशी की तरह
दुख भी दुखी ही क्यों दिखना चाहेगा हमेशा
फ़ोटो खिंचते समय दुख भी थोड़ा-सा पोज तो बदल ही लेता है
जीवन में जो बहुत स्पष्ट हैं वे केवल कष्ट हैं
कुछ तो बेहद तकनीकी कि पानी साफ़ न होने
हवा साफ़ न होने की वजहों तक फैले हुए
पर सारे झंझट मैं भूल गया इस क्षण ख़ुद को जीवित पाकर

कैमरे को एक तरफ़ रखकर आज मैं कहना चाहूँगा
कि पहले सड़क बिजली और अस्पताल
तब स्कूल और जीविका
वग़ैरह-वग़ैरह के अलावा और भी बहुत कुछ जुड़ जाता है
जैसे छलाँग लगाता हिरन फ़ोटो में आ जाए

जहाँ मैं फिसला वह एक पगडंडी का ढाल था
बीस मीटर नीचे बड़ी-सी झाड़ी थी

सामने मेमनों जैसे बादलों से भरे-श्वेत शिखर
नीले पारदर्शी चँदोये जैसा तना हुआ आसमान
कोई भी कहीं फिसल सकता था
बादलों की अचंचल छिटकी हुई स्तब्ध भेड़ों के सिवाय

पहाड़ की एक नोक पर है हमारा गाँव
बचपन से ही सड़क से बहुत दूर, आकाश के बहुत नज़दीक
कंकड़ों से खेला हूँ मैं सितारों के बहुत पास

प्रकृति में रेडियो जैसी झंकार मौजूद थी
अदृश्य ईथर के बावजूद सकाम
चुम्बक और बिजली का गुप्त गठबन्धन लिए हुए
ख़ुशी में उछाला हुआ एक-एक सामान
ज़मीन पर आया रखा था कब का!

ग्यारह नम्बर की गाड़ी से पैदल ही पहुँचा हूँ मैं यहाँ
ख़ूब खिली धूप, साफ़ हवा पर विकास नहीं
दिन के उजाले में बैठा कई तरह का अँधेरा दिखता है
डिजिटल नहीं जटिल बेचैनी और चुप्पी
अचरज भरो मरी-मरी सी शान्ति

सौर ऊर्जा के एकमुश्त विस्तृत पैनल-सी फैली पृथ्वी
गिर रही है धूप
सूर्य रोज़ अपने हाथों अपनी प्रतिभा का विमोचन करता है
धरती उस विमोचन को लोकार्पण में बदल देती है

पेड़ों के पीछे से उभरता हुआ सूर्य पहाड़ पर फेंक रहा है
अपनी धूप
एक छोटा-सा गाँव अपने सम्पूर्ण दुख-दारिद्रय के साथ चमक रहा है

इस गाँव में आशा दीदी की सहेली पिंगला ब्याही हैं
उरोजों से चिपका हुआ है उसका नवजात शिशु
नवागन्तुक बच्चे से भरा-पूरा लग रहा है
उस कर्मठ स्त्री का ससुराल

अभाव के बहुत से भाव झाड़-पोंछ दिये हैं
सफ़ेद बैलों के तेल चिपुड़े सींगों पर बँधे हैं लाल फुँदने
बाप बनने की ख़ुशी में छुट्टी आया हुआ है सिपाही लाखीराम
अब ख़तरा मेरे लिए है ग़रीबी में सौंदर्य ढूँढ़ने का

दिल्ली की कलादीर्घा में एक दिन यह घर
महँगे फ्रेम में जड़ा दिखेगा
शायद एक आध देवदारु भी उस में
छलाँग मार कर आए हिरन को दिखें
उसमें कहीं नहीं होगा पिंगला दीदी के परिश्रम का परिचय...
बल्कि लोगों को दिखने लगेगा उसमें
मरते-मरते बचे एक फ़ोटोग्राफर का प्रकृति प्रेम
और संघर्ष

सारी दार्शनिक निष्पत्तियाँ
दूसरों की जद्दोजहद पर ही टिकी हुई हैं।

ऊँचा बना देते हैं पहाड़

हवा में ऊँची कूद और लम्बी छलाँग से टँगे
दूर-दूर खड़े दिख रहे हैं पहाड़
जो कूदकर छलाँग लगा कर पार नहीं किये जा सकते
चलकर ही चढ़कर ही पार किये जा सकते हैं पहाड़

एक क़दम चले दूसरा बढ़े
आगे की ऊँचाइयों की ओर
चढ़ना-उतरना ज़मीन ने तय कर रखा है
अब रखने हैं अपने क़दमों के कुछ अगले क़दम
ऊँचे जा रहे हो तो चढ़ जाओगे और ऊँचे
नीचे आ रहे हो तो उतर आओगे और नीचे

किसी चढ़ने से नीचे नहीं होते पहाड़
वे अपनी बराबरी पर पहुँचाकर स्वागत करते हैं
उतरते भी वे किसी अपने ही छोड़े हुए
घर के रास्ते में बदल जाते हैं साथ देने के लिए
चढ़ने वाले को पहाड़ अपने से ऊँचा बना देते हैं
आसमान के शून्य हृदय को ओस चटा देते हैं
दूब ढके पत्थरों की कठोर नोकों को
माँ के स्तनों-सा बना देते हैं पहाड़।

✪✪✪